LinksDruck

Peter Bordihn

Bittere Jahre am Polarkreis

Als Sozialdemokrat in Stalins Lagern

LinksDruck Verlag
Berlin

1. Auflage, September 1990

Christoph Links, Zehdenicker Straße 1, 1054 Berlin

Lektorat: Rosemarie Mieder
Reihengestaltung: TriDesign Berlin
Herstellung: K.-P. Olthoff

ISBN 3-86153-005-8

Ich widme dieses Buch
allen Opfern stalinistischer Willkür,
den bekannten wie
den vielen namenlosen.

Inhalt

Der Weg zur Sozialdemokratie

Der 9. Oktober des Jahres 1948 wird mir zeit meines Lebens in Erinnerung bleiben. Als ich die Falkenberger Straße entlanggehe, um für meine Frau, die am nächsten Tag Geburtstag hat, Blumen und ein kleines Geschenk zu kaufen, fordern mich plötzlich zwei Männer auf, in einen am Gehwegrand parkenden alten Opel zu steigen. Es ist ein Befehl, der keinen Widerspruch zuläßt, gegeben in gutem Deutsch. Die beiden sind Russen; ich kenne sie flüchtig und weiß nur, daß sie Mitarbeiter der Sowjetischen Militäradministration sind. Später stellt sich heraus, daß sie zum MGB, dem Ministerium für Staatssicherheit der UdSSR, gehören. Ich selbst arbeite zu dieser Zeit als Kraftfahrer bei der Abteilung OSOBTORG des Ministeriums für Handel der UdSSR in Deutschland.

Die Autofahrt ist kurz. Meine beiden Begleiter blicken stumm aus dem Fenster. Auf keine meiner Fragen nach dem Warum und Wohin erhalte ich eine Antwort. Man bringt mich schließlich in die Kellerräume einer ehemaligen Buntstoff-Fabrik in der Weißenseer Metzstraße, der heutigen Gounodstraße. Mit lautem Knall schließt sich eine eiserne Tür hinter mir. Für wie lange? Weshalb bin ich hier? Ich weiß es nicht.

Wahnsinnige Angst und abgrundtiefe Verzweiflung überfallen mich. Ich bin nicht in der Lage, klar zu denken, fühle mich überhaupt nicht imstande, meine Situation zu beurteilen. Nach Stunden erst begreife ich, daß ich eingesperrt bin. Ich beginne nachzudenken, versuche, mir Klarheit zu verschaffen, die Stationen meines bisherigen Lebens vorbeiziehen zu lassen und nach Gründen zu suchen.

Mit Fünfzehn in den Krieg

Im vierten Kriegsjahr – gerade 15 geworden – verließ ich mit dem Zeugnis der mittleren Reife die Oberschule. Es war zwar der Wunsch meiner Eltern, aber ehrlich gesagt – zu dieser Zeit hatte ich die Schule selbst längst satt. Geregelter Unterricht fand nicht mehr statt; meine Lieblingsfächer Erdkunde und Englisch fielen oft aus. Nun sollte ich Kaufmann werden, wie Vater.

Die Niles-Werke in der Weißenseer Gehringstraße waren mein Lehrbetrieb. Hier machte ich erste Schritte in einen interessanten Beruf. Zugleich aber war das der erste Schritt in den Krieg.

Neben der Lehre wurde ich sofort zum Dienst als Flakhelfer eingezogen und stand Nacht für Nacht auf dem Bunker im Berliner Humboldthain. Noch heute erinnere ich mich an die regelmäßigen Angriffe der Engländer; sie lehrten uns Angst und Schrecken.

Der Dienst an den schweren Geschützen war für Halbwüchsige auch viel zu schwer. Die Munition schien uns das Kreuz zu brechen. Nach solchen Einsätzen fielen wir todmüde auf die Pritschen. Am Tage dann wieder die Arbeit im Betrieb ...

Nach einem dreiviertel Jahr flatterte mir die Einberufung zur Wehrmacht auf den Tisch, und so gehörte ich schon mit 16 zum Infanterie – Regiment 8 in Frankfurt an der Oder. Beim Abschied von den Eltern und Schwestern wußte keiner, ob wir uns wiedersehen würden.

Die Kriegslehre, als Flakhelfer begonnen, bekam in der Kaserne erst den richtigen Schliff. Jetzt stand das Handwerk des Soldaten weit über einer soliden Kaufmannsausbildung. Anstelle von Buchführung und Betriebswirtschaft erlernten wir das Ausheben von Schützenlöchern und das Tarnen und Bewegen im Gelände.

Nach kurzer Ausbildungszeit ging schon bald ein Transport in Richtung Osten. An der Front empfingen uns russische Artilleriegeschosse. Panische Angst überfiel mich, die sich aber angesichts der schrecklichen Erlebnisse bald in Gleichgültigkeit verwandelte. Sie mochte die Folge unserer aussichtslosen Situation sein; vielleicht aber war sie auch ein Selbstschutz vor den sinnlosen Zerstörungen, denen wir ständig ausgesetzt waren.

Da erreichte mich das Flugblatt. Ein „Nationalkomitee Freies Deutschland“, von dem ich bis dahin noch nie gehört hatte, wandte sich an die deutschen Soldaten. Wir sollten Mitgestalter eines neuen, friedlichen Deutschland werden, hieß es dort. Man forderte uns zum Überlaufen auf; eine menschengerechte Behandlung durch die Russen wurde allen zugesichert. Doch war das nicht Verrat am eigenen Volk? Konnte man denen so einfach glauben?

Ich erinnerte mich einer Ausstellung im Berliner Lustgarten, die ich als etwa 14-jähriger erlebt hatte: „Das Sowjetparadies" – ein Volk in hoffnungsloser Armut, ein Volk von Untermenschen.

Aber vor welchem Abgrund standen wir selbst? Ein Feuerüberfall der russischen Artillerie hatte unsere Stellungen umgepflügt. Es war ein Wunder, daß wir noch lebten. So verbarg ich das Flugblatt sorgfältig; hier traute keiner dem anderen. Dann faßte ich meinen Entschluß. Eine Patrouille aus Freiwilligen wurde zusammengestellt, und wir gingen, um das Vorfeld unserer Stellungen zu erkunden. Dabei blieb ich mehr und mehr zurück und entfernte mich von der kleinen Gruppe. Als ich fremde Laute hörte – leise geflüstert –, holte ich das versteckte Flugblatt heraus. Ein russischer Offizier war der erste, der mir barsche Fragen stellte: „Woher? Welche Einheit? Warum übergelaufen?"

Die ersten beiden Fragen konnte ich beantworten, die dritte nicht. Angst vor dem Sterben, aber auch die Hoffnung, diesen Krieg für mich zu beenden, hatten mich wohl auf die andere Seite gebracht. Erst die vielen Verhöre machten mir klar, daß ich nun Gefangener war.

Beim Weitertransport in ein Sammellager traf ich mit anderen deutschen Soldaten zusammen. Ihre Erlebnisse und Überlegungen glichen den meinen. Überall Hoffnungslosigkeit. Die nächsten Wochen und Monate waren mit dem täglichen Kampf ums Überleben ausgefüllt. Ab und zu gab es auch Gespräche mit russischen Offizieren. Wir sollten begreifen, für wen und wofür deutsche Soldaten in ihr Land eingedrungen waren.

Mitglieder des Nationalkomitees und Frontbeauftragte dieser Organisation suchten Kontakt mit uns. Sie eröffneten die Möglichkeit, noch als Kriegsgefangene den Aufbau eines neuen, antifaschistischen demokratischen Deutschlands mitzudenken.

Wir erfuhren die Wahrheit über die tatsächliche Kriegslage, hörten von der Tragödie bei Stalingrad und der Winterschlacht vor Moskau. Doch ich zweifelte. Waren wir wirklich von der deutschen Heerführung so betrogen worden? Da boten uns russische Offiziere den Aufenthalt in einem Antifa-Lager an. So kam ich mit 27 anderen jungen Deutschen nach Shitomir. Hier hörte ich das erste Mal von Marx und Lenin. Mühsam erschloß sich mir eine neue Welt des Denkens, versuchte ich Begriffe wie „Dialektik" und „Wissenschaftlicher Sozialismus" in mich aufzunehmen, sie einzuordnen. Die Propagandisten und Lehrer haben dabei eine wirklich große Arbeit geleistet. Sehr kritisch, aber auch kameradschaftlich und geduldig setzten sie sich mit Vorurteilen und fehlgeleiteten Idealen der gefangenen Deutschen auseinander.

Langsam wurde mir klar, in welchem Ausmaß wir mißbraucht worden waren.

FDJ im Nachkriegs-Berlin

Mit diesen Erfahrungen ging es im Juni 45 nach Hause. Wie lange hatte ich diese Rückkehr ersehnt. Aber jetzt kam ich in ein hoffnungslos zerstörtes Land.

Meine Eltern traf ich zum Glück gesund an; sie wohnten in einem Behelfsquartier in der Weißenseer Sedanstraße bei einem Tabakwarenhändler und seiner Familie. Dort kam auch ich unter, denn unsere Wohnung war durch eine Luftmine in der Nachbarschaft völlig zerstört worden. Von meinen beiden älteren Schwestern wohnte nur Eva mit ihren Kindern in Berlin. Ihre kleine Wohnung war glücklicherweise unzerstört geblieben. Aber von ihrem Mann hatte sie seit 1944 nichts mehr gehört. Die letzten Nachrichten waren aus der Gegend um Kischinjow gekommen. Ilse, die andere Schwester, arbeitete mit ihrem evakuierten Betrieb in der Nähe von Kiel. Schon im Oktober 1941 hatte sie den Mann in Kämpfen auf der estnischen Insel Ösel an der Ostfront verloren.

Ich bewunderte den Lebensmut meines Vaters. Er hatte sich um eine Gewerbeerlaubnis bemüht und begann Töpfe, Eimer und andere Haushalts- und Gebrauchsgegenstände zu reparieren. Dabei fiel dem fast Sechzigjährigen die körperliche Arbeit schon schwer. Gemeinsam mit seinem Gehilfen, einem Schweißer aus unserem Bekanntenkreis, hantierte er mit einem alten Schweißgerät. Das notwendige Acetylen mußten sie selbst im Entwickler herstellen. Alles stank unbeschreiblich nach Karbid. Aber das Geschäft blühte, die Kunden waren zufrieden, denn Neues gab es ohnehin nicht. Meine Mutter erledigte die Buchführung des kleinen Unternehmens.

Mich jedoch hielt die Hoffnungslosigkeit gefangen. Zwar war noch Leben zwischen verrauchten Häuserstümpfen und ausgebrannten Fassaden, aber ich konnte mir nicht vorstellen, wie es weitergehen sollte.

In Aufrufen zum Wiederaufbau war von Einheit, beharrlicher Arbeit und gerechter Sache die Rede. Auch die deutsche Jugend wurde aufgefordert, mit aller Kraft ans Werk zu gehen. Doch wie? Am 10. Juni 45 wurde dann der Befehl Nr. 2 der Sowjetischen Militäradministration veröffentlicht. In der Sowjetischen Besatzungszone durften antifaschistische Parteien, neue Gewerkschaften und Jugendorganisationen gebildet werden.

Etwa 7000 junge Berliner meldeten sich damals in den Jugendausschüssen der Stadtbezirke. Ich schloß mich der Antifa-Jugendgruppe in Weißensee an. Unser Jugendheim wurde ein ehemaliges Büro der NSDAP in der Caselerstraße. Zwar fehlte es an Möbeln, aber jeder von uns beschaffte, was er konnte, und so wurden die vier großen Räume bald freundlich und ansehnlich.

Unser Engagement reichte jedoch weit über das Heim hinaus. Wir räumten Trümmer beiseite, schafften für hilfsbedürftige Familien Notquartiere, halfen bei der Ernte in Malchow, richteten gemeinsam mit erfahrenen Frauen einige Nähstuben in der Langhansstraße, am Mirbachplatz und in Hohenschönhausen ein. Allein in Berlin wurden so zur ersten Friedensweihnacht etwa 20000 Kleidungsstücke für notleidende Kinder und Familien hergestellt.

Inzwischen hatte ich auch die Arbeit in meinem Lehrbetrieb wieder aufgenommen, um endlich meine Ausbildung als Kaufmann abzuschließen. Doch zuerst einmal lernte ich Schlosserarbeiten. Der Betrieb war zerbombt, Straßen und Verbindungswege aufgerissen. Unter den Trümmern lagerten ausgeglühte Werkzeugmaschinen, die mühsam zerlegt und Stück für Stück zu einem funktionierenden Ganzen wieder zusammengesetzt werden mußten. Jeden Tag kam ich müde und erschöpft nach Hause, dennoch – die Abende und die Sonntage gehörten dem Jugendausschuß.

Jetzt waren wir schon viele. Aus allen Schichten der Bevölkerung kamen interessierte Mädchen und Jungen zu uns. Es machte Spaß, denn nach jeder erledigten Arbeit sahen wir Fortschritte. Natürlich blieben viele auch, weil bei uns etwas los war. Die Nachkriegszeit bot nicht viele Vergnügungen für Zwanzigjährige. Im Jugendausschuß lud eine eigene Jugendkapelle zum Tanz ein: einer hatte ein Bandonium, ein anderer eine Klampfe, irgend jemand spielt ein bißchen Klavier. Auf Literaturabenden wurden Gedichte rezitiert. Ich lernte „Die Weber" von Gerhart Hauptmann und konnte ganze Passagen bald frei vortragen.

Die gemeinsam verbrachte Zeit ließ Freundschaften und neue Bindungen entstehen. Dabei spielte es keine Rolle, daß wir aus den unterschiedlichsten Schichten kamen. Jeder konnte uneingeschränkt Ideen vortragen, Gedanken und Meinungen frei äußern, sich mit all seinen Vorstellungen und Gefühlen einbringen. Das weckte die Hoffnung auf eine wirklich demokratische Entwicklung der neuen Gesellschaft.

So diskutierten wir oft stundenlang über die bedeutenden Ereignisse dieses ersten Nachkriegssommers. Den Vorschlag Trumans zur Dreiteilung Deutschlands lehnten wir empört ab, begrüßten dagegen den sowjetischen Plan, unser Land als eine wirtschaftliche Einheit zu erhalten. Die Hoffnung auf ein einheitliches Deutschland wollte keiner von uns aufgeben, auch wenn wir in diesem Jahr 1945 nicht selbst über uns entscheiden durften.

Zu heftigen Auseinandersetzungen in der Gruppe führten erste Gespräche über die Gründung eines einheitlichen, überparteilichen Jugendverbandes. Wir erinnerten uns noch genau an die gleichgeschaltete und uniformierte Jugend des Dritten Reiches. So etwas wollten wir auf keinen Fall. Auch hatten die vergangenen Wochen neue Gemeinsamkeiten hergestellt.

Hugo, Kommunist und Vorsitzender des Jugendausschusses, kam immer wieder auf die „Verbandsfrage" zurück. Mit seinen 35 Jahren und seiner politischen Bildung war er uns Jüngeren ein Vorbild. Seine Ideen und Gedanken über die Bildung einer sozialistischen Massenorganisation der fortschrittlichen Jugendlichen in ganz Deutschland rissen uns schließlich mit. Sogar über einen möglichen Namen wurde schon gesprochen: „Freie Deutsche Jugend".

Als sich dann Verantwortliche aus allen Berliner Ausschüssen in einer Pankower Schule in der Görschstraße trafen, war auch ich einer von denen, die der Bildung dieses neuen Jugendverbandes zustimmten.

Politische Suche

Hugo war ein Organisationstalent. Er beschaffte ein kleines Grundstück am Wukensee in Biesenthal bei Bernau. Für uns, die wir aus der riesigen Trümmerstadt kamen, ein Paradies. Da störte es auch keinen, daß wir stundenlang unterwegs waren – erst mit der Bahn nach Bernau und von dort zu Fuß. Der ehemalige Fliegerstützpunkt für Wasserflugzeuge wurde unser ständiges Wochenheim. Hier schien der Alltag erträglicher; die herrlichen Sommer- und Herbsttage dieses Jahres stärkten den Glauben an ein besseres Leben.

Hinzu kam das große Interesse, das wir alle für die immer vielfältiger werdende politische Landschaft bekamen. So beobachteten wir auch die Bemühungen der KPD um eine Vereinigung mit der SPD. Schon Anfang Juni 1945 war die KPD mit eigenen Zeitungen an die Öffentlichkeit getreten. Am 11. Juni wandte sie sich mit ihrem berühmten Aufruf zum demokratischen Neubeginn an die Bevölkerung.

Über all diese Ereignisse diskutierten wir und hatten durchaus gegensätzliche Ansichten. Einer berichtete, daß die Sowjetunion schon vor der Kapitulation dafür gesorgt hatte, daß drei Gruppen von Kommunisten nach Deutschland eingeflogen wurden. Sie sollten die Sowjetarmee beim Aufbau der Verwaltung unterstützen. Ein anderer erzählte uns, daß diese Gruppen Listen mit Namen von Antifaschisten bei sich hatten, die künftige Schlüsselstellungen besetzen sollten. Es gab Streit darüber, ob dies der richtige Weg sei.

Im November tobten schwere Stürme durch Berlin. Die ersten Fröste ließen ahnen, was uns im kommenden Winter bevorstand. Schon begleitete heftiger Schneefall die orkanartigen Böen. Neben der dürftigen Wintergarderobe fehlte es auch an Brennbarem. Alles was in den Ofen ging, wurde gesammelt. Bei nächtlichen Ausflügen in die Waldgebiete um den Faulen See herum ging es nicht nur ums Unterholz. Ganze Bäume wurden gefällt, noch gab es genügend. Die Industriebahnhöfe in der Greifswalder- und der Gehringstraße waren von vielen frierenden Menschen zu jeder Tages- und Nachtzeit umlagert. Dort kamen hin und wieder Kohlewaggons an, die dann trotz starker Polizeibewachung geplündert wurden. Die Wachposten haben so manches Mal zwei Augen zugedrückt. Wer dennoch gefaßt wurde, hatte mit einer deftigen Strafe zu rechnen.

Zur Kälte kam der Hunger, der nie ganz gestillt werden konnte. Die Zuteilung war kärglich. Selbst die größte Ration reichte kaum aus. Seltsame Gerichte wurden in der Not erfunden. Mutter briet aus einer Mischung von Grieß, Majoran und etwas Öl in der Pfanne eine Masse, die als Schmalzersatz auf Brot ganz gut schmeckte. Hatten wir Kartoffeln, wurden sie in etwas Öl geröstet und mit großem Appetit gegessen. Aber das zählte schon zu den Delikatessen.

Die Wohnung meiner Eltern in der Caselerstraße 4 war inzwischen notdürftig instand gesetzt worden. Vorläufig noch mit Pappe in den Fensterrahmen statt der Glasscheiben. Doch wir richteten uns so ein, daß es sich leben ließ.

Seit April lebte auch Ilse, meine Schwester aus Flensburg, bei uns in Berlin. Sie war sehr krank, litt an Rheumatismus in den Händen, konnte nicht arbeiten. Zudem war sie schwanger. Trotz der aufopferungsvollen Pflege meiner Mutter und mehrwöchigen Krankenhausaufenthalts starb sie nach der Entbindung. Wir hatten nicht nur diesen schweren Schicksalsschlag zu überwinden, wir mußten ab sofort auch für ein Baby sorgen. Mutter, in dieser Zeit schon 52 Jahre alt, übernahm das mit großer Verantwortung. Eva, meine zweite Schwester, half mit allen Kräften. Dabei hatte auch sie mit ihren Kindern kein leichtes Leben. Ihr Mann, lange Zeit vermißt, kehrte schwer lungenkrank aus russischer Kriegsgefangenschaft heim. Er mußte ebenfalls versorgt werden. In diesen schweren Monaten hielt uns vor allem Vaters Topf-Flickerei am Leben.

Eines Tages sollte ich für die Werkstatt Sauerstoff holen. Mit dem Handwagen und einer leeren Flasche zog ich nach Hohenschönhausen. Es war Samstag nachmittag, mein Weg führte durch eine ausgedehnte Gartenanlage. Mühsam zog ich den schweren Wagen durch den Schnee. Von weitem näherten sich mir zwei Russen. Sie waren bewaffnet, blieben vor mir stehen und stellten unverständliche Fragen. Als ich ihnen auf Deutsch antwortete, nahmen sie mich einfach mit. Außerhalb der Laubenkolonie bogen wir in eine Straße ein. Vor einem der Häuser machten wir Halt. Man brachte mich zu einem Major, der in gebrochenem Deutsch fragte, was ich transportiere und warum ich diesen Weg gewählt habe. Meine Erklärungen wurden nicht verstanden. Weitere Russen kamen dazu. Sie debattierten heftig und lange. Nachdem ich ihnen meine Adresse genannt hatte, ließen sie von weiteren Fragen zunächst ab. Ich wurde eingeschlossen. Die Nacht kam, ohne daß sich etwas ereignete. Ich verbrachte sie schlaflos auf einem alten Sofa.

Am Morgen stand ich wieder vor demselben Major, der mich darüber aufklärte, daß ich Sperrgebiet betreten hätte. Meine Angaben würden stimmen, und so durfte ich das Haus noch einmal unbehelligt verlassen. Mit leerer Flasche zog ich unverrichteter Dinge auf anderen Wegen nach Hause.

Unsicherheiten und willkürliche Eingriffe in unser Leben belasteten auch die Arbeit in meinem Betrieb, der ehemaligen Niles AG. Sie war zum Objekt der Roten Armee erklärt worden, hieß SKTB 1/18 und unterstand direkt der Sowjetischen Militäradministration. Ich selbst hatte inzwischen handwerkliche Fähigkeiten hinzugelernt. Rudi, unser Vorarbeiter gab sich außerordentlich große Mühe, mir neben dem Bohren und Fräsen auch das Schaben beizubringen. Damit wurden die Gleitflächen von Maschinen geglättet, so daß sie wieder wie neu aussahen. Wir setzten unser ganzes Können daran, alte Maschinen derart wieder herzurichten. Vertikale und horizontale Bohr- und Fräswerke, Schleif-und Drehmaschinen entstanden so unter unseren Händen.

War eine Maschine fertiggestellt, wurde sie verpackt, die Kiste mit russischen Buchstaben gekennzeichnet, und ging auf Transport in Richtung

Osten. Darüber waren wir Arbeiter empört; man nahm uns das Wenige, mit dem eine Produktion in Gang gebracht werden sollte! Ein sowjetischer Offizier klärte uns über die Reparationslieferungen auf: in Jalta und Potsdam hatten die Siegermächte die Höhe der Wiedergutmachung festgelegt. Danach mußte das besiegte Deutschland nach sowjetischen Forderungen etwa 20 Milliarden US-Dollar an die Sieger zahlen. Beteiligt daran waren die UdSSR mit 56 Prozent, Großbritannien und die USA sollten je 22 erhalten. Für uns unvorstellbare Größen. Nach Veröffentlichungen in westlichen Zeitungen waren die Höhe der Reparationen, die Periode ihrer Abgeltung, aber auch die Formen der deutschen Leistungen heftig umstritten. So fand die britische Art einer möglichst schonenden Behandlung Deutschlands kein Verständnis in der sowjetischen Führung. Es entstand der Verdacht, den Westmächten gehe es um eine humane Behandlung Deutschlands, weil sie eine gegen die Sowjetunion gerichtete Front aufbauten und für ihre antisowjetische Strategie auch die Deutschen einzuspannen hofften.

Die Westalliierten wiederum legten die Sachverhalte entgegengesetzt aus. Sie wiesen der Sowjetunion nach, daß sie entgegen allen Festlegungen bereits im Juni und Juli 1945 eine Ausplünderung ihrer Besatzungszone in großem Stil durchführte. Das schien uns die Praxis zu bestätigen. Deshalb also Soforttransporte unserer Maschinen in die Sowjetunion. Die hitzigen Debatten drangen auch in die Jugendgruppe. Wir kamen zu keiner einheitlichen Auffassung, und hatten auch nicht die politische Erfahrung, diese Vorgänge einordnen und sachlich beurteilen zu können.

Im Januar 1946 wurde ich 18. Sofort meldete ich mich bei der Fahrschule an. Bereits im Herbst war die Fahrschule Himml in der Greifswalder Straße, Ecke Danziger Straße, wiedereröffnet worden. Ich kutschierte hinter dem Lenkrad eines „Essex-Super-6“ durch die fast leeren Straßen Berlins und bekam im März den Führerschein Klasse 4.

Ihm folgte das Lehrzeugnis, exakt am 31. März 1946. Nun war ich zwar technischer Kaufmann, jedoch ohne besonders gute berufliche Chancen. Deshalb hörte ich mich nach etwas Anderem um und erfuhr von einem Bekannten, daß beim Handelskontor OSOBTORG deutsche Kraftfahrer gesucht würden. In der Berliner Allee im Ascania-Haus sprach ich vor. Hier befand sich der Fahrdienst von OSOBTORG. Nach einer kurzen Probefahrt auf einem alten Mercedes 170 V und einigen technischen Fragen stellte man mich ein.

Mein Chef war ein Oberst aus Tula, einer Stadt südlich von Moskau. Er mochte die Deutschen nicht, doch mich akzeptierte er nach einer Weile.

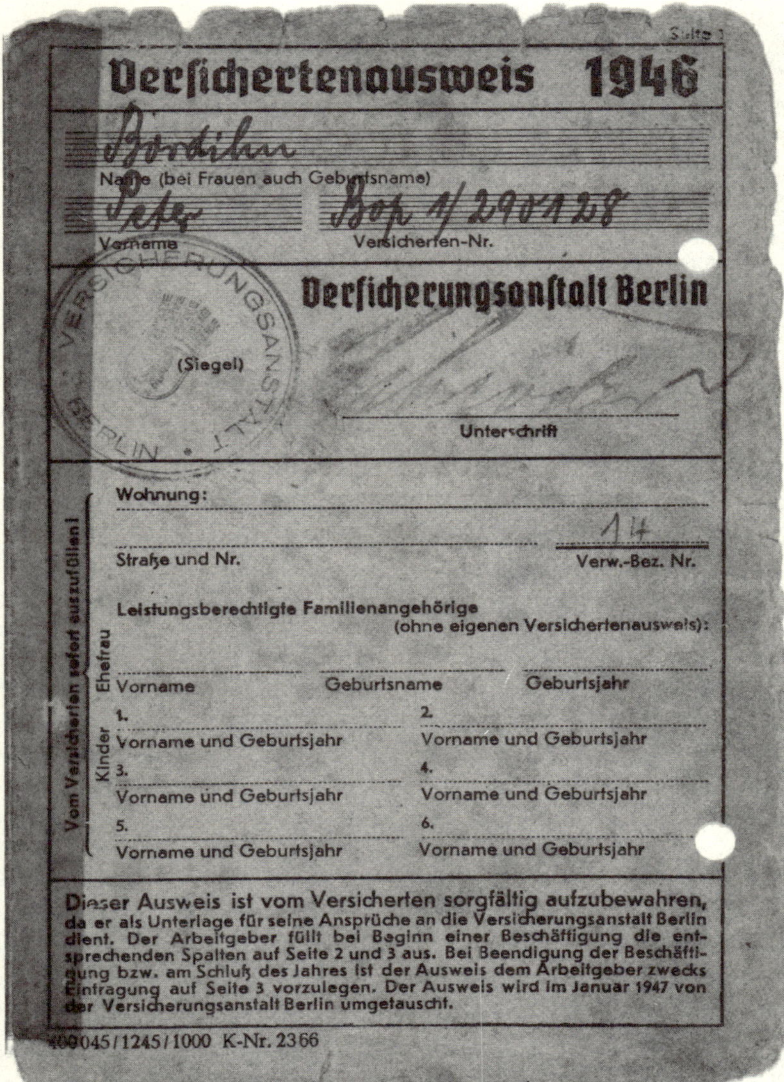

Seite 1

Versichertenausweis 1946

Bordihn

Name (bei Frauen auch Geburtsname)

Peter

Vorname

Versicherten-Nr.

Versicherungsanstalt Berlin

VERSICHERUNGSANSTALT BERLIN

(Siegel)

Unterschrift

Vom Versicherten sofort auszufüllen!

Wohnung:

Straße und Nr.

14

Verw.-Bez. Nr.

Leistungsberechtigte Familienangehörige (ohne eigenen Versichertenausweis):

Ehefrau

Vorname — Geburtsname — Geburtsjahr

Kinder

1. Vorname und Geburtsjahr — 2. Vorname und Geburtsjahr

3. Vorname und Geburtsjahr — 4. Vorname und Geburtsjahr

5. Vorname und Geburtsjahr — 6. Vorname und Geburtsjahr

Dieser Ausweis ist vom Versicherten sorgfältig aufzubewahren, da er als Unterlage für seine Ansprüche an die Versicherungsanstalt Berlin dient. Der Arbeitgeber füllt bei Beginn einer Beschäftigung die entsprechenden Spalten auf Seite 2 und 3 aus. Bei Beendigung der Beschäftigung bzw. am Schluß des Jahres ist der Ausweis dem Arbeitgeber zwecks Eintragung auf Seite 3 vorzulegen. Der Ausweis wird im Januar 1947 von der Versicherungsanstalt Berlin umgetauscht.

400045/1245/1000 K-Nr. 2366

Versicherungsausweis Peter Bordihns mit dem Eintrag: Einkaufskontor Osobtorg Zentrallager des Ministeriums für Handel der UdSSR in Deutschland,

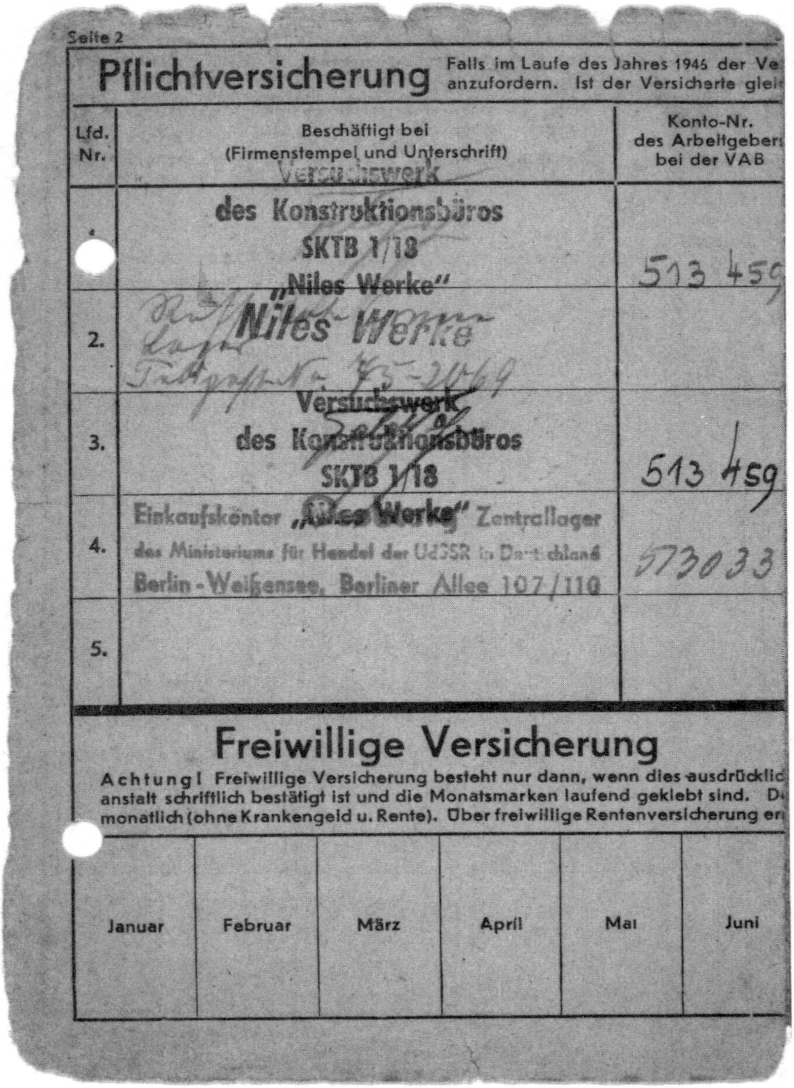
Seite 2

Pflichtversicherung Falls im Laufe des Jahres 1946 der Ve… anzufordern. Ist der Versicherte glei…

Lfd. Nr.	Beschäftigt bei (Firmenstempel und Unterschrift)	Konto-Nr. des Arbeitgebers bei der VAB
1.	Versuchswerk des Konstruktionsbüros SKTB 1/18 „Niles Werke"	513 459
2.	Niles Werke	
3.	Versuchswerk des Konstruktionsbüros SKTB 1/18	513 459
4.	Einkaufskontor „Niles Werke" Zentrallager des Ministeriums für Handel der UdSSR in Deutschland Berlin-Weißensee, Berliner Allee 107/110	573033
5.		

Freiwillige Versicherung

Achtung! Freiwillige Versicherung besteht nur dann, wenn dies ausdrücklic… anstalt schriftlich bestätigt ist und die Monatsmarken laufend geklebt sind. D… monatlich (ohne Krankengeld u. Rente). Über freiwillige Rentenversicherung er…

Januar	Februar	März	April	Mai	Juni

Berlin-Weißensee, Berliner Allee 107/110. Hier arbeitete er vom 19. 10. 46 bis zu seiner Verhaftung.

Er wußte, auf mich war zu jeder Tages- und Nachtzeit Verlaß. Im Laufe der Zeit lernte ich dann auch seine Familie kennen, die Frau und zwei halbwüchsige Töchter, die ein Häuschen in der Karlshorster Stolzenfelsstraße bewohnten.

In unserer Jugendgruppe verfolgten wir die Diskussionen nach der sogenannten „Sechziger-Konferenz" vom 20. und 21. Dezember 1945, die den Höhepunkt der Einheitskampagne der KPD zur Vorbereitung auf den Zusammenschluß mit der SPD bildete. Obwohl wir kaum etwas über die Vorgeschichte beider Parteien wußten, bemerkten wir dann im Frühjahr 1946, daß die Vereinigung genau so ablief, wie sie von der KPD gewünscht wurde. Den Sozialdemokraten allerdings war volle Gleichberechtigung und Parität in einer gemeinsamen Partei zugesichert worden. Viele von ihnen glaubten daran, daß mit einer vereinigten Arbeiterpartei in Deutschland ein demokratischer Neuaufbau beginnen würde. In solch einer einheitlichen Partei hoffte auch ich, meinen Platz zu finden und stellte den Antrag, Mitglied der SED zu werden.

Nicht ganz unerheblichen Anteil an meinem Entschluß hatte auch Ruth, eine Jung-Kommunistin. Sie war erst seit kurzem in der Jugendgruppe, aber wir mochten uns von Anfang an. Ruth kam aus einer alten sozialdemokratischen Familie, ihr Vater jedoch war Kommunist. Zusammen mit Hugo versuchte sie immer wieder, uns von der Vereinigungspolitik zu überzeugen. Ihre Argumente, aber vor allem ihr frisches, unbekümmertes Wesen machte Eindruck auf mich.

Mein Antrag wurde jedoch abgelehnt. Man erklärte mir, mein Vater sei vor dem Krieg Generalvertreter für verschiedene kapitalistische Betriebe gewesen, sei ehemaliges NSDAP-Mitglied und hätte durch die Aufnahme seines Gewerbes nach dem Krieg den Status eines Unternehmers. All dies würde einer Aufnahme entgegenstehen. Ein Kapitalistensohn könne nicht Mitglied einer Arbeiterpartei werden.

Im Antifa-Lager von Shitomir und auch noch danach hatte es solche Auffassungen nicht gegeben. Immer hatte man von einem breiten demokratischen Bündnis gesprochen, unabhängig von der Herkunft des Einzelnen. Das schien nun keine Rolle mehr zu spielen.

Ich nahm die Entscheidung hin. Ruth dagegen war sehr aufgebracht und wollte sich mit dem verantwortlichen Genossen anlegen. Davon habe ich ihr abgeraten, für mich war die Sache erledigt.

Verschwinden des Vaters

Die tägliche Arbeit füllte mich voll aus. Mein Chef unternahm viele Fahrten in die Handelsniederlassungen Sachsens, Thüringens und Mecklenburgs. Das brachte Abwechslung und gab mir Gelegenheit, russische Menschen in den vielfältigsten Positionen kennenzulernen, ihnen auch näherzukommen. Ich hatte zunächst keine Vorstellung davon, was eine Handelsvertretung der UdSSR bei uns in der zerstörten sowjetischen Besatzungszone zu tun habe. Bald erfuhr ich jedoch Genaueres. OSOBTORG, Abkürzung für Osobaja Torgowlja, Sonderhandel, erwarb gegen reichlich Besatzungsgeld Kostbarkeiten aus Privatbesitz. Gegenstände aus Gold, Silber, wertvolles Porzellan und Kristall wurden aufgekauft.

Als ich am 28. August 1946 von einer dieser Fahrten wieder nach Berlin kam, traf ich meine Mutter weinend zu Hause an. Vater war tags zuvor von uniformierten Russen abgeholt worden und bis zu diesem Zeitpunkt noch nicht zurückgekehrt. Keiner wußte, wohin man ihn gebracht hatte. Ich war wie gelähmt. Gehört hatte ich schon, daß Frauen oder Männer willkürlich verhaftet würden. Einige tauchten nach kurzer oder längerer Zeit wieder auf, andere blieben verschwunden. Es wurde gemunkelt, diese Leute hätten Kriegsverbrechen begangen. Also hatten wir Hoffnung, daß Vater bald wiederkäme. Wir wußten, daß er nichts Derartiges begangen hatte. Da konnte es sich wirklich nur um einen Irrtum handeln. Doch er kam nicht zurück. Der Versuch, über meinen Chef etwas zu unternehmen, scheiterte sofort. Er wollte mich wohl nicht verstehen. Auch mit einem Dolmetscher hatte ich keinen Erfolg. Er meinte, von solchen Dingen wisse er nichts und könne demzufolge nichts unternehmen. Damit mußte ich mich zufrieden geben.

Tage und Wochen vergingen. Vater blieb verschwunden. Wir erfuhren nichts über seinen Aufenthaltsort, trotz intensiver Nachforschungen. Auch Ruth, ihre Eltern und all unsere Bekannten waren fassungslos. Was wir auch unternahmen, alles verlief im Sand.

Die Werkstatt mußten wir schließen. Ein Mann allein konnte das große Arbeitspensum nicht schaffen. Damit wurde ich zum Alleinernährer der Familie. Ruths Vater, der ein Lokal in der Falkenberger Straße unterhielt, gab uns täglich warmes Essen und half so über schlimme Zeiten hinweg. Auch Eva, meine Schwester, tat, was sie konnte. Doch sie hatte ihre beiden Mädchen und den kranken Mann zu versorgen.

Aus der Arbeit in der FDJ-Gruppe zog ich mich zurück. Alles war so widersprüchlich geworden. Einerseits war da Ruth mit ihrer klaren Haltung zur SED, andererseits sah ich in dieser Partei die Verbündeten der Sowjets und ihrer willkürlichen Praktiken.

Irgendwer erzählte mir sogar, daß sich im ehemaligen Konzentrationslager Sachsenhausen ein Internierungslager der Russen befände. Dorthin sollten auch Deutsche gebracht werden, denen es ähnlich wie meinem Vater erging. Diesen Worten konnte ich nicht glauben. Sie überstiegen meine Vorstellungswelt.

SPD statt SED

Im Mai 1947 bekam ich einen neuen Chef, da mein erster Vorgesetzter in die Heimat zurückgekehrt war. Er sprach ein gutes Deutsch, war freundlich und aufgeschlossen. Er trug nur Zivil. Seine Wohnung befand sich ebenfalls in Karlshorst, in der Rheinsteinstraße. Zwischen uns entwickelte sich ein gutes Verhältnis. Dem Alter nach hätte er mein Vater sein können, und nach kurzer Zeit nannte er mich auch „Synok", auf Deutsch „Söhnchen". Immer wenn er zum Essen nach Hause gefahren wurde, lud er mich ein.

In dieser Zeit fiel eine für mein weiteres Leben bedeutsame Entscheidung: ich stellte beim SPD-Kreisbüro in der Weißenseer Caselerstraße einen Aufnahmeantrag. Dieser Entschluß war über mehrere Monate gereift. Beeinflußt wurde er wesentlich durch die Ablehnung von der SED. Hinzu kam das für mich beeindruckende Fortbestehen der SPD in ihren alten Strukturen, ihr Ringen um Demokratie, offene Meinungsäußerung der Mitglieder und Pluralität in allen Belangen des gesellschaftlichen Lebens. Die Sozialdemokraten der in der Sowjetischen Besatzungszone noch zugelassenen SPD kämpften mutig um ihre Identität und Selbstbehauptung. Das war schwer; die SED hatte es im Vorfeld der Vereinigung verstanden, die Sozialdemokratie als Feind der Vereinigungspolitik zu stempeln. Der dritte und wohl ausschlaggebende Grund war die Verhaftung und das Verschwinden meines Vaters. Mein Eintritt in die SPD war ein Entschluß gegen die SED. Zu solchen Parteien wie der neu entstandenen LDPD oder NDPD hatte ich kein politisches Zutrauen; ich wollte in einer revolutionären Linken wirken.

Von der Basisgruppe in Weißensee wurde ich offiziell aufgenommen und erhielt bald darauf mein Mitgliedsbuch. Stolz nahm ich es entgegen. Ruth war über meinen Schritt nicht gerade erbaut. Schon lange vor meiner Aufnahme hatten wir darüber diskutiert, doch ihre Argumente überzeugten mich nicht mehr. Das, was ich täglich sah und hörte, prägte mich immer mehr. Ich glaube, daß sie mich damals nicht so ganz ernst nahm, sie war immerhin 21, ich gerade 19.

Auch mein neuer Chef fragte mich nach meiner politischen Orientierung. Ich sah keinen Grund, sie ihm zu verschweigen. Er konnte seine Verblüffung nicht verhehlen. Dann fragte er mich, ob ich denn nun in Opposition zur bestehenden Ordnung in der Sowjetischen Besatzungszone stünde? Ich war mir nicht so recht klar, wie ich ihm antworten sollte. So versuchte ich, ihm die wichtigsten demokratischen Ziele der SPD als einer Partei mit langer Tradition zu erläutern: eine unbeschränkte freie Meinungsäußerung, die offene Kritik an Mißständen, das Nichtreglementieren des Volkes. Da wußte ich schon, wovon ich sprach, es gab dafür genügend Beispiele. Und die hatte ich zur Hand. Großen Eindruck machte ich damit nicht auf ihn, dessen wurde ich mir schnell bewußt. In diesem Gespräch merkte ich bald, daß er mich überhaupt nicht verstand und daß sich unsere Ansichten und Meinungen grundsätzlich voneinander unterschieden.

Viel mehr Interesse an meinem Leben und meinen politischen Ansichten spürte ich dagegen bei Kolja, einem russischen Offizier, den ich in der Kantine zufällig kennengelernt hatte. Er erzählte mir einiges über seine Heimatstadt Leningrad, über die lange Zeit der deutschen Blockade während des Krieges, bei der auch Angehörige seiner Familie ums Leben gekommen waren. Ich empfand große Achtung vor dem Mut der Menschen, die in so furchtbarer Zeit überlebt hatten und nun wieder aufbauten.

Kolja strömte mit seinem ganzen Wesen Ehrlichkeit und Vertrauen aus. Wir trafen uns immer öfter, wie es die Zeit erlaubte. Er kannte meine politische Einstellung, wußte, daß ich der SPD angehörte und als Kriegsgefangener in Shitomir war. Bei ihm zu Hause lernte ich später auch Arkadi, einen weiteren russischen Offizier, kennen. Aus vielen Gesprächen, die wir hatten, gewann ich den Eindruck, daß beide sehr offen mit mir über die gesellschaftlichen Verhältnisse in der Sowjetischen Besatzungszone sprachen. So faßte ich Mut und erwähnte das spurlose Verschwinden meines Vaters ein Jahr zuvor. Kolja und Arkadi schienen sehr betroffen. Sie fragten nach Vergangenheit und Gegenwart meiner Familie; ich antwortete ihnen bedenkenlos. Damit schien das Thema für sie erst einmal erledigt.

Einige Zeit später erwähnte einer der beiden mir gegenüber das ehemalige KZ Sachsenhausen. Hier, aber auch in anderen Lagern und Gefängnissen, seien Deutsche interniert. Diese seien nach Meinung sowjetischer Organe Kriegsverbrecher oder ehemalige Nationalsozialisten, die Schuld auf sich geladen hatten und nun einer Verurteilung entgegensahen. Es wollte mir nicht in den Kopf. Zu solch einem Personenkreis hatte mein Vater nie gehört. Das wußte ich genau. Meiner Mutter sagte ich nichts von ihren Mitteilungen. Ich sprach vorsichtig mit Ruth und anderen Freunden. Keiner hielt das Gesagte für möglich.

Im Juli 1947 wußten wir, daß Ruth ein Kind bekommen würde. Die „frohe Botschaft" machte uns ziemlich betroffen. Schließlich hatte keiner von uns große Sicherheiten. Dennoch dachten wir praktisch und sprachen übers Heiraten. Ich brauchte dafür noch die Zustimmung meiner Mutter, denn ich war nach damaligem Recht noch nicht volljährig.

Am 22. August 1947 feierten wir dann unsere Hochzeit. Den Verhältnissen entsprechend in kleiner Runde mit engsten Verwandten und Freunden. Ab sofort wohnten wir gemeinsam bei den Schwiegereltern in der Falkenberger Straße. Hier wurde auch unser Sohn Olaf geboren.

Mit Kolja und Arkadi traf ich mich jetzt regelmäßig. Dabei wunderte ich mich immer wieder über ihre Offenheit. Durch sie wurde das Bild, das ich mir vom Leben in der Sowjetunion gemacht hatte, mindestens eingetrübt. Ihren Erzählungen über den stalinistischen Machtapperat mochte ich zunächst nicht glauben. Sie sprachen von Straflagern in der Sowjetunion, wo Andersdenkende gefangengehalten wurden. Von ihnen hörte ich auch erstmalig das Wort „Stalinismus". Es bedeutete für sie das Monopol einer Person auf Wahrheit und politische Macht. Dabei war jegliche Form kollektiver Beratung und Beschlußfassung in der Partei ausgeschaltet worden. Dieser Zustand hatte sich, so erklärten mir Kolja und Arkadi, bereits früh herausgebildet. Sie führten ihn bis in die Jahre 1928/29 mit der Schachty-Affäre und der überstürzten Kollektivierung zurück. Anfang der dreißiger Jahre hätten die Repressalien dann zugenommen.

All das begriff ich seinerzeit nicht richtig. Doch dann traten Ereignisse in der Sowjetischen Besatzungszone ein, die ich bereits mit diesem neuen Wissen beurteilte. Gerade das Jahr 1948 machte deutlich, wie die Sowjetische Militäradministration und die SED-Führung bis dahin vorhandene politische Spielräume einengten. Die Arbeit der FDJ wurde stark reglementiert. Die bis dahin bestehende Organisationsbasis von FDJ und SED verlagerte man aus den Wohngebieten in die Betriebe. Damit war eine bessere Kontrolle und Disziplinierung möglich. Die stalinistische These von der ständigen Zuspitzung des Klassenkampfes wurde mit einer Mischung aus zutreffenden und herbeigesuchten Argumenten propagiert: dem Beginn des Kalten Krieges zwischen den USA und der UdSSR, den Spannungen zwischen der Sowjetunion und Jugoslawien, den ersten Pro-

Peter Bordihn kurz vor seiner Verhaftung 1948

zessen gegen vermeintliche Konterrevolutionäre in den Volksdemokratien.

Wenn ich über Koljas und Arkadis Gedanken und Erkenntnisse im Freundes- und Familienkreis sprach, dann vor allem, um herauszufinden, was andere schon wußten. Meine Frau reagierte entsetzt. Unsere politischen Meinungsverschiedenheiten nahmen immer mehr die Form von Familienkrächen an. Bei den Genossen der SPD fand ich dagegen Verständnis. Zwar schärften sie mir ein, mit diesem Wissen nicht vertrauensselig umzugehen, aber ich konnte und wollte es nicht für mich behalten.

Am 12. August 1948 stand dann Vater plötzlich vor unserer Wohnungstür: die zwei Jahre Inhaftierung hatten aus dem vitalen und rüstigen Sechzigjährigen einen Greis gemacht. Er war nun ein lebendiges Beispiel für die vielen Vermutungen und Gerüchte, die um Schicksale von Verschwundenen gewoben wurden. Allerdings war er nicht bereit, über diese Jahre zu sprechen.

In den darauffolgenden Tagen traf ich mit Kolja zusammen. Wir sprachen über Vaters Schicksal, das ihn tief betroffen machte. Nun schien endgültig klar: die Opfer des Stalinismus waren nicht nur Sowjetbürger. Der lange Arm des sowjetischen Sicherheitsdienstes griff gnadenlos und willkürlich zu – dort, wo sich Kritiker und Andersdenkende zu Wort meldeten, aber auch unter völlig Unbeteiligten. Dabei wurde in der Öffentlichkeit der Sowjetischen Besatzungszone so getan, als ob ein ganzes Volk nur das Gleiche dachte ...

Aus der Parteiarbeit und anhand meiner eigenen Erfahrungen wußte ich nur zu gut, daß dies nicht stimmte. Warnungen von Freunden schlug ich in den Wind. Über mein Wissen mochte ich nicht schweigen und sagte meine Meinung über die Machtstrukturen in der UdSSR. Damals gaben mir auch viele Mitglieder des SPD-Ortsausschusses Weißensee den Rat, meine Gedanken höchstens vor engsten Freunden offen auszusprechen. Für mich aber gab es dafür keinen Grund. Wenn es stimmte, was ich über die Straflager gehört hatte, bedurfte das der Offenlegung und der Auseinandersetzung. Sollte es sich aber als unwahr erweisen, mußte ebenso öffentlich dagegen Stellung bezogen werden. Mit diesen Debatten vergingen die Herbstwochen des Jahres 48 wie im Fluge. Der Geburtstag von Ruth stand vor der Tür, unser Olaf war inzwischen 6 Monate alt und bereitete uns viel Freude. Wir waren eine richtige Familie geworden.

Haft und Urteil

Meine Gedanken werden jäh unterbrochen. Krachend fliegt die Zellentür auf, ein russischer Soldat steht im Türrahmen und schreit mich an. Ich verstehe nur die Worte „Faschist“ und „Fritz“. Der Rest seines Gebrülls bleibt unverständlich. Er droht mir mit den Fäusten, spuckt in die Zelle. Dann bin ich wieder allein. Mir wird mit aller Deutlichkeit bewußt, daß ich eingesperrt bin. Nach und nach nehme ich auch meine Umgebung genauer wahr, dieses Kellerloch, in das man mich gesperrt hat. Es ist etwa zwölf Quadratmeter groß. Die Hälfte nimmt eine Art Pritsche ein, die aus vor Schmutz starrenden grünen Brettern besteht. Inschriften an den Wänden zeugen davon, daß an diesem Ort schon viele Menschen gefangengehalten worden sind. Namen und Daten sind tief in die Wände geritzt, mitunter stehen sogar Adressen dabei. Ein Hermann aus Pankow, Achtermannstraße 2, zum Beispiel. Unter seinen Namen hat er geschrieben, daß man ihn der Spionage bezichtige. Ich lese weiter: Walter aus Ahrensfelde, Kurt aus Malchow, Heinz aus Schwedt. Hinter jedem Namen steht ein Schicksal. – Wie oft hat man versucht, die Inschriften zu übertünchen? Es bleibt alles lesbar.

Mir nimmt es fast den Mut, wenn ich die Striche zähle, die die Zeit markieren. 90 und 115 Tage sind keine Seltenheit. Trotz der deprimierenden Gedanken beobachte ich nun alles genau. Über dem Kopfende der Pritsche befindet sich ein kleines Fenster, von außen offensichtlich durch eine Metallblende verdeckt. Inzwischen ist es schon spät am Abend und so dringt kein Tageslicht mehr ein.

Ich setzte mich auf den Rand der Pritsche, stelle dabei fest, daß die Beine in der Luft baumeln. Wie ich mich auch bemühe, die Füße reichen nicht bis auf die Erde. Müde geworden strecke ich mich auf der Pritsche aus. Ihr Kopfende ist durch schräggestellte Bretter etwas angehoben, ein hartes

Kopfkissen. Endlich schlafe ich ein und träume wirres Zeug. Erst beim Erwachen merke ich, daß die Lampe hier nicht ausgeschaltet wird.

Zur Verrichtung der Notdurft steht ein gewöhnlicher Kübel in der Ecke, der durch einen Deckel verschließbar ist. Mich ekelt furchtbar, aber ich habe keine Wahl und muß das Ding benutzen. Zweifellos ist es schon lange nicht oder noch nie gereinigt worden. An weiteren Schlaf ist nicht zu denken, ich wandere in der Zelle auf und ab, um meine Unruhe zu betäuben. Drei Schritte hin, drei zurück. Wie lange ich das tue, weiß ich nicht. Es kommt mir alles wie eine Ewigkeit vor. Schon jetzt hat mich das Zeitgefühl verlassen. Die Uhr ist mir neben anderen persönlichen Dingen sofort abgenommen worden. Auch den Ehering mußte ich abgeben.

Draußen im Gang höre ich laute russische Schimpfworte. Schritte schlurfen an meiner Zelle vorbei. Dabei vernehme ich auch deutsche Laute. Ich glaube sogar, weibliche Stimmen zu hören.

Die Zellentür wird geöffnet. Ein Soldat bedeutet mir, den Kübel zu greifen und ihm zu folgen. Der Weg führt durch einen langen Gang zu einem Raum mit Toilettenbecken. Alles total verdreckt. Aber ein Wasserhahn über einem Ausguß ist vorhanden. Mit kaltem Wasser und einer Bürste spüle ich den Behälter aus, wasche kurz Gesicht und Hände. Für mehr bleibt keine Zeit, schon treibt mich der Posten wieder an und bringt mich in die Zelle zurück. Als nach einer Weile meine Zelle wieder geöffnet wird, steht auf dem Fußboden im Gang eine Schüssel mit brauner, undefinierbarer Füllung. Dazu reicht mir der Soldat ein winziges Stück Schwarzbrot. Eigentlich verspüre ich weder Hunger noch Appetit. Trotzdem trinke ich von dem Gesöff; es ist Malzkaffee. Das Stück Brot verschwindet ebenfalls zwischen meinen Zähnen.

Mich überfällt wieder Müdigkeit. Ich möchte schlafen, vielleicht vergessen. So strecke ich mich auf der Pritsche aus und schlafe auch sofort ein. Als die Tür auffliegt, fahre ich hoch. Ein Uniformierter kommt auf mich zu. Wieder muß ich Beschimpfungen über mich ergehen lassen. Ein kräftiger Tritt in die Beine begleitet seine Kommentare.

Zuerst verstehe ich absolut nichts, die Gesten des Soldaten machen mir aber bald klar, daß ich zu dieser Zeit nicht liegen, geschweige denn schlafen darf.

Stunden vergehen. Draußen hört man mitunter Stimmen und Autogeräusche. Anscheinend befindet sich meine Zelle auf der Straßenseite. Deutsche Worte allerdings vernehme ich von dort nicht. Ich stelle mir das Gebäude vor, in das man mich noch bei Tageslicht brachte. Ein solider zweigeschossiger Bau mit einer Mitteltreppe als Aufgang. Ich erinnere mich, im Erdgeschoß vergitterte Fenster bemerkt zu haben. Da ich Weißenseer bin, weiß ich auch, daß dieses Haus in der Metzstraße steht. Früher war hier eine Fabrik untergebracht; sie stellte Buntstoffe für industrielle Zwecke her.

Es riecht nach Essen. Irgendwo in diesem Keller wird gekocht. Jetzt öffnet sich die Zellentür und der Posten zeigt auf eine Schüssel aus verbeultem Aluminium. Ein trübes Gemisch aus Kohlstrünken in blankem Wasser. Soll wohl das Mittagessen sein. Nur die Vernunft gebietet mir, zu essen.

Plötzlich plagen mich heftige Juckbeschwerden am ganzen Körper, überall kribbelt es. Ich denke voll Ekel an das ominöse Mittagessen, doch dann bemerke ich Einstiche wie von Mücken. Die aber gibt es hier nicht. Schließlich reiße ich mir das Hemd vom Körper und erkenne überall kleine Beulen, Flöhe! Sie finden hier wohl alles, was sie brauchen: Wärme, Schmutz und Opfer. Es dauert eine Weile, ehe ich so geschickt bin, daß ich sie erwische.

Meine Zelle scheint die letzte auf der linken Seite zu sein. Sie muß eine Außenmauer haben. Ich klopfe, vielleicht läßt sich schätzen, wie stark sie ist. Warum will ich das eigentlich wissen? Es ist verrückt zu glauben, man käme hier hindurch.

Dennoch, ich nehme den Kübeldeckel und kratze an der Wand. So intensiv, daß ich nicht einmal bemerke, wie die Tür geöffnet wird. Plötzlich schlägt der Posten auf mich ein. Er schreit etwas von „Karzer" und vieles, was ich nicht verstehe. Danach allerdings begreife ich schnell. Man stößt mich aus der Zelle, ein paar Türen weiter in eine dunkle Kammer. Nun weiß ich, was der „Karzer" ist: der Arrestbunker.

Es ist stockdunkel, der Raum hat kein Fenster. Mit beiden Beinen stehe ich im Wasser, taste, um eine trockene Stelle zu finden; es gibt wohl keine. Auch keine Sitzgelegenheit. Langsam spüre ich die Kälte. Vor Verzweiflung weiß ich überhaupt nicht, was ich tun soll, drehe mich um, klopfe mit beiden Fäusten an die Tür. Es kommt keine Antwort. Schließlich ergebe ich mich meinem Schicksal; vor Wut und Hilflosigkeit kommen mir die Tränen.

Nach Stunden – ich kann mich kaum noch aufrecht halten – holt man mich wieder heraus und bringt mich in eine andere Zelle. Sie ist der ersten völlig gleich, liegt aber im vorderen Teil des Ganges auf der rechten, sicherlich der Hofseite. Zuerst ziehe ich Schuhe und Strümpfe aus; alles völlig durchnäßt. Ich friere noch immer und zittere am ganzen Körper. Außerdem habe ich Hunger und Durst. An diesem Abend bekomme ich nichts mehr. Ich liege frierend und barfuß auf der Pritsche. Eine Decke gibt es nicht. Meine Schuhe und Strümpfe sind auch am nächsten Tag noch nicht trocken. Eines weiß ich genau, sollte ich wieder in den Karzer müssen, stehe ich lieber barfuß im Wasser.

Den dritten Tag bin ich nun schon eingesperrt und weiß noch immer nicht, weshalb. Mich packt wieder Verzweiflung. Wenn bis morgen nicht mit mir gesprochen wird, werde ich an die Zellentür schlagen, bis man darauf reagiert. Gedanken an meine Familie plagen mich. Wie erfahren sie nur, wo ich mich befinde? Sicher hat man sie längst verständigt. Aber wie war das bei Vaters Verschwinden? Wir erhielten keine einzige Information.

Die Nacht ist angebrochen und ich könnte endlich schlafen. Aber das ständig eingeschaltete Licht blendet und zermürbt. Es läßt mich nicht zur Ruhe kommen. Ich lege schließlich die Hand über die Augen.

Die Verhöre

Laute Rufe reißen mich hoch. Der Wachposten steht vor mir, ein barsches „Wstawaj", und schon werde ich aus der Zelle gestoßen, durch den Keller bis in die obere Etage. Meine Vernehmung findet in einem komfortablen Raum statt. Für mich steht ein einfacher Stuhl in der Mitte des Zimmers. Ich muß mich setzen. Zwei Männer betreten den Raun, der ältere ist Oberstleutnant. Er trägt eine Uniform der Luftstreitkräfte mit blauen Kragenspiegeln. Der andere Mann trägt Zivil und erklärt mir in gutem Deutsch, daß er der Dolmetscher sei. Alle Fragen zu meiner Person werden von ihm übersetzt. Mein Blick gleitet über die Schreibtischplatte. Dort liegt aufgeklappt mein SPD-Mitgliedsbuch. Der Offizier in Fliegeruniform stimmt mich hoffnungsvoll. Ich weiß, daß die Angehörigen des Staatssicherheitsdienstes die grüne Waffenfarbe tragen. Vielleicht war doch alles ein Irrtum? Dann höre ich die ersten Fragen.

„Wer ist Ihr Auftraggeber?"

Damit kann ich nichts anfangen und zucke mit den Schultern.

„Ich verstehe Ihre Frage nicht."

„Ich will wissen, von wem Sie Aufträge zur Ausübung feindlicher Handlungen gegen die Rote Armee erhalten haben!"

„Niemand hat mir irgendwelche Aufträge erteilt. Und ich weiß auch nicht, was Sie mit feindlichen Handlungen meinen."

Der Dolmetscher weist mich in scharfem Ton zurecht.

„Sie haben hier keine Fragen zu stellen. Antworten Sie dem Untersuchungsführer wahrheitsgemäß und ohne Lügen! Jede Unwahrheit verlängert nur Ihren Aufenthalt bei uns."

Dann wieder der Oberstleutnant:

„Sie sind Mitglied der SPD. Weshalb sind Sie dieser Partei beigetreten?"

Ich erläutere in kurzen Worten meinen Werdegang, die zurückliegenden Jahre und den letzten Anstoß:

„Ich wollte in die SED eintreten und wurde abgelehnt. Für mich waren es fadenscheinige Gründe, die ich aber hinnehmen mußte. Ich bin linksorientiert und Arbeiter und sehe für mich auch in der SPD eine politische Heimat."

„Ist Ihnen eigentlich klar geworden, daß Sie damit gegen den Aufbau eines demokratischen Deutschland, gegen den Sozialismus, gegen eine friedliche Entwicklung aufgetreten sind?"

„Nein. Für diese Ziele bin ich immer eingetreten. Ich halte meine Entscheidung für richtig und notwendig und schließlich ist diese Partei ja wohl in der Sowjetischen Besatzungszone zugelassen. Sie verfolgt humanistische Ziele. Ich gebe ja zu, daß mein Beitritt zur SPD eine Entscheidung gegen die SED war. Sie wollte mich doch nicht in ihren Reihen haben."

„Ich frage Sie nochmals, wer hat Sie zur antisowjetischen Haltung ermutigt? Wer beauftragte Sie zu Handlungen gegen die Besatzungsmacht?"

„Niemand. Ich bin nie antisowjetisch eingestellt gewesen."

„Sie haben Sabotage betrieben. Beobachtungen der letzten Zeit ergaben, daß Sie sich oft in Westberlin aufhielten. Wir wissen, daß Sie von dort Aufträge zu antisowjetischen Tätigkeiten erhalten haben. Sagen Sie Namen der Auftraggeber oder Verbindungsmänner. Sie erleichtern damit nur Ihre eigene Lage."

„Ich kann Ihnen darauf nichts antworten. In Westberlin habe ich Verwandte besucht. Also eine ganz private Angelegenheit. Von Aufträgen irgendwelcher Leute an mich kann überhaupt keine Rede sein."

Der Oberstleutnant wird wütend und schreit mich an. Ich verstehe ihn erst, als der Dolmetscher übersetzt.

„Sie werden so lange bei uns im Keller bleiben, bis Sie ein umfassendes Geständnis ablegen. Nur wenn Sie uns nicht weiter belügen, können Sie Ihre Lage verbessern."

Der Posten führt mich ab. Ich bin sehr erregt und laufe in der Zelle hin und her. Heftiges Klopfen an der Tür erschreckt mich. Der Posten ruft: „Spatj". Das bedeutet: „Schlafen". Alles auf Befehl. Also gehorche ich und lege mich hin. In meinen Gedanken gehe ich das Verhör nochmals durch.

Das ist doch Wahnsinn, was sie behaupten. Und noch immer glaube ich, die Vorhaltungen müßten mir bewiesen werden!

Doch dann kommen Zweifel auf, ich erinnere mich an die Worte von Kolja und Arkadi. Immer wieder hatten sie mir erzählt,daß Beschuldigte einfach auf Denunziationen hin verurteilt und in Straflager verschleppt worden waren. Für viele hatte es nie einen Prozeß gegeben.

Der vierte Tag meiner Haft beginnt und vor mir liegen wieder viele Stunden Zeit. Ich muß irgend etwas finden, um sie zu überbrücken, sonst werde ich verrückt. So denke ich an Bücher, die ich gelesen habe und sage mir das kleine und große Einmaleins auf.

Mehr und mehr macht mir der Hunger zu schaffen. Die kleinen Brotrationen und die dünnen Wassersuppen sättigen nicht. Aus der Kellerküche dringt Essengeruch in die Zelle. Manchmal riecht es sogar nach Gebratenem. Die Wachposten können sich wohl dort etwas brutzeln. Ich habe den Verdacht, sie verwenden dazu die ohnehin kleine Fettzuteilung der Gefangenen. Meine Vermutung bestätigt sich Wochen später.

In der folgenden Nacht werde ich wieder aus der Zelle geholt. Diesmal muß ich stehen, es ist kein Stuhl für mich da.

Der Oberstleutnant beginnt:

„Sie haben Erkundigungen über angebliche sowjetische Internierungslager in der Sowjetischen Besatzungszone eingeholt. Stimmt das?“

„Ja.“

„Wer hat Sie dazu angehalten? Von wem hatten Sie dazu den Auftrag?“

„Ich habe aus eigenem Antrieb nachgeforscht, nachdem mein Vater 1946 plötzlich auf geheimnisvolle Weise verschwunden war. Seinerzeit wurden Vermutungen laut, daß sich Deutsche in Internierungslagern der Sowjetischen Besatzungszone befinden. Bei meinem Vater war das auch so. Meine Vermutung hat sich nach Entlassungen von Internierten im August dieses Jahres bestätigt. Vater selbst hat nicht gesagt, wo er war und unter welchen Bedingungen er leben mußte. Aber Aussagen anderer Entlassener, die in den Westen gingen, liegen vor. Sie sind für mich glaubhaft.“

„Das ist alles Lüge. Nur Kriegsverbrecher und hohe Nazis sind in Internierungslagern. Diese Festlegungen wurde von den Alliierten vor Jahren in Moskau getroffen und später im Potsdamer Abkommen bekräftigt.“

Erbost geiferte mich der Offizier an.

„Sie selbst sind ein großer Lügner, und wenn Ihr Vater in einem solchen Internierungslager war, dann ist er auch Kriegsverbrecher oder Faschist gewesen.“

„Weshalb wurde er dann erst 1946 eingesperrt? Er hatte sich nicht verkrochen, da er sich nichts hatte zuschulden kommen lassen."

Der Dolmetscher unterbricht mich, verbietet mir das Wort. Wiederum wird mir verboten, Fragen zu stellen.

Der Untersuchungsführer ist wütend.

„Sie selbst sind ein Faschist, sonst wären Sie nicht dieser revanchistischen SPD beigetreten. Das ist für uns der eindeutige Beweis, daß sie uns feindlich gesonnen sind."

In mir kocht es. Diese ungeheuerlichen Beschuldigungen. Ja, ich weiß jetzt, was Kolja und Arkadi gemeint haben, als sie von unmenschlicher und antihumaner Behandlung Inhaftierter sprachen. Nun mache ich meine eigenen Erfahrungen, und die sind bitter.

Wieder der Offizier:

„Gestehen Sie, der amerikanische Geheimdienst ist Ihr Auftraggeber. Nennen Sie uns Namen, und wir werden Ihnen Ihre Offenheit zugute halten. Wenn Sie uns die Wahrheit sagen, sind wir bereit, Sie wieder zu entlassen."

Ich begreife, daß meine Chancen, hier herauszukommen, mit allem was ich sage, auf den Nullpunkt sinken.

„Denken Sie weiter darüber nach und melden Sie sich beim Posten, wenn Sie aussagen wollen."

Wieder in der Zelle überdenke ich alle Möglichkeiten, die ich in diesen Verhören haben könnte. Ich sehe keine Chance. Um mich abzulenken versuche ich, Gedichte aus meiner Schulzeit aus dem Gedächtnis zu kramen. Eigentlich ist jetzt Nachtruhe, aber ich kann nicht schlafen. Morgens werde ich müde und zerschlagen sein. Die Methode der nächtlichen Verhöre ist teuflisch. So machen sie einen langsam weich und eines Tages gibt man Dinge zu, die man gar nicht getan hat. Mit körperlichen und seelischen Qualen soll der Mensch hier offensichtlich zerstört, zur Aufgabe seines eigenen Ichs gezwungen werden.

Ich fühle mich elend. Ausgehungert und schmutzig hocke ich in diesem Keller. Erst nach über einer Woche kann ich mich das erste Mal waschen. Auch die Folgen der Dunkelhaft machen sich bemerkbar. In dem kalten Wasser habe ich mich stark erkältet. Beim nächsten Verhör werde ich um Medikamente bitten.

Als ich nachts erneut zum Verhör geholt werde, schildere ich dem Dolmetscher meinen Zustand. Er dagegen meint, auf ihn mache ich einen stabilen Eindruck und überhaupt liege das Schicksal in meinen eigenen Händen. Ich verstehe sofort; hier ist keine Hilfe zu erwarten.

Die Befragung durch den Offizier beginnt:

„Sind Sie nun bereit auszusagen?"

„Ich sage aus, was ich weiß, auch wenn das nicht dem entspricht, was Sie hören wollen."

„Schweigen Sie mit Ihren Unverschämtheiten. Wir haben auch andere Mittel, Sie zum Reden zu bringen ...

Wir wissen zuverlässig, daß Sie antisowjetische Propaganda betrieben haben. Sie verbreiteten ständig Lügen über die Sowjetunion. Woher nahmen Sie Ihre Informationen?"

Ich versuche, Zeit zu gewinnen. Was wissen sie über meine Gespräche mit Kolja und Arkadi?

„Sie müssen mir schon eine Frage gestatten, welcher Art die von mir verbreiteten Lügen über die Sowjetunion sein sollen. Ich bin mir keiner solcher Äußerungen bewußt."

„In der Öffentlichkeit haben Sie erzählt, daß es in der Sowjetunion Straflager gibt, in denen unschuldig Verurteilte sitzen. Woher, von wem haben Sie diese Informationen?"

„Solche Äußerungen habe ich irgendwo in Gesprächen oder auf Versammlungen gehört. Ich war genauso entsetzt und glaubte das auch nicht. Deshalb habe ich öffentlich darüber gesprochen, um von anderen vielleicht die Wahrheit zu erfahren."

„Wer hat Ihnen so etwas erzählt?"

„Ich sagte doch schon, daß ich es nicht weiß. Es waren Leute, die ich nicht kenne, und die ich auch niemals wieder getroffen habe."

Der Offizier springt auf, stellt sich vor mich hin, wiederholt die Frage.

Meine Antwort bleibt die gleiche. Da treffen mich unvermutet seine Faustschläge und Fußtritte. Als ich mich vor Schmerz zusammenkrümme, läßt er von mir ab und ruft den Posten, der mich in die Zelle zurückführt.

Jetzt habe ich nur noch Angst vor den nächsten Verhören. Wie lange hält man das aus? Kolja und Arkadi darf ich auf keinen Fall verraten, egal was sie mit mir anstellen. Mir kann im Moment sowieso keiner helfen, aber es muß doch gelingen, wenigstens sie zu schützen.

Diese Nacht vergeht ohne Verhör. Schon vorm Wecken bin ich wach und warte aber ab, daß der Posten die Tür zum Kübeln öffnet. Inzwischen habe ich gelernt, die Diensthabenden voneinander zu unterscheiden. Es gibt korrekte und umgängliche Soldaten, aber auch gefühlskalte Aufseher, die die Gefangenen drangsalieren. Heute hat ein Sergeant Dienst, der immer sachlich und vernünftig mit mir umgegangen ist. Er gestattet sogar mehr Zeit zum kurzen morgendlichen Waschen. Schon das ist eine spürbare Erleichterung. Auch die Brotrationen fallen bei ihm reichlicher aus. Heute habe ich mir vorgenommen, mit Gymnastik zu beginnen. Ich muß etwas tun, um meinen Körper zu kräftigen. Doch schon beim ersten Rumpfbeugen wird mir schwindlig. Es geht nicht. Ich habe viel abgenommen, fühle mich kraftlos und matt. Mit den Übungen muß ich wohl langsamer beginnen.

Fremde Schicksale

Gegen Mittag werde ich aus der Zelle geholt. „Weschtschami", sagt der Sergeant, „mit allen Sachen". Alles, was ich noch besitze, trage ich am Körper.

Er bringt mich zwei Zellen weiter nach links; hier bin ich nicht mehr allein. Zwei Männer stehen neben ihren Pritschen. Einer mustert mich mißtrauisch, während der andere sofort ein Gespräch beginnt. Er ist 27 Jahre alt, heißt Woldemar und stammt als Baltendeutscher aus Lettland. Der ältere, Alexander, spricht ein gutes Deutsch. Natürlich bin ich froh über die Gesellschaft. Die Einsamkeit der zurückliegenden Tage war unerträglich. Aber bald schon merke ich, daß es zwischen beiden knistert. Liegt es an ihrem unterschiedlichen Charakter? Während der jüngere immerzu fragt, schweigt der ältere fast feindselig. Er rät mir zu mehr Vorsicht. Vor allem gegen Unbekannte, auch Mitgefangene, die ein auffallendes Interesse an meinem Fall zeigen. Woldemar, beispielsweise.

Ich nehme seine Worte kommentarlos hin und beschließe, mir lieber mein eigenes Urteil zu bilden.

Eines jedoch hat Alexander mir voraus – seine Lebenserfahrung. Er ist gebürtiger Russe und hat als Roter Matrose in Leningrad an der Oktoberrevolution teilgenommen. Später wurde er Tänzer, kam fast in der ganzen Welt herum, verliebte sich in Paris und blieb dort. Alexander wurde sogar französischer Staatsbürger und kämpfte während des zweiten Weltkrieges in den Reihen der französischen Armee. Er geriet in deutsche Gefangenschaft und erlebte hier in Berlin die Befreiung vom Faschismus. Schließlich entschloß er sich, erst einmal in Deutschland zu bleiben. Alexander bezeichnete sich selbst als Kosmopoliten: weltoffen, tolerant, unabhängig.

Daß er nach dem Krieg in Berlin hängenblieb, lag wohl an der Frau, die er hier kennenlernte. Ihr gehörte das Nachtlokal „Kleine Melodie" am Variete des Friedrichstadtpalastes. Alexander wurde Geschäftsführer. Das Leben in unserer Stadt gefiel ihm, er hatte viele Freunde und Bekannte, und natürlich wußten sie über seine Vergangenheit Bescheid. Warum hätte er sie auch verschweigen sollen.

Eines Morgens standen Mitarbeiter des MGB vor seiner Wohnung in der Friedrichstraße. Sie durchsuchten alle Räume, fanden Fotos und auch Unterlagen zu seiner Person. Das reichte aus: Alexander mußte mitgehen. Am Abend desselben Tages erklärte man ihn für verhaftet. Man hielt ihn in einem alten Luftschutz-Hochbunker in der Reinhardtstraße gefangen. Nach Tagen der Ungewißheit wurde ihm der Grund seiner Inhaftierung mitgeteilt: Landes- und Hochverrat. Er galt vor der Gerichtsbarkeit immer noch als Sowjetbürger. Seine Proteste und Hinweise auf seine französische Staatsbürgerschaft, die Aufenthaltserlaubnis aus Frankreich für die Sowjetische Besatzungszone, seine ordentliche polizeiliche Anmeldung, interessierten die MGB-Leute nicht. Sie machten ihre eigenen Gesetze. Ihm wurde erklärt, als Teilnehmer an der Revolution von 1917 und als Kommunist habe er mit seinem Verbleiben in Frankreich die Heimat verraten. Damit sei er ein Straftäter. Tage später wurde er nach Weißensee in die Metzstraße überstellt. Hier nun wartete er seit dem 22. September 48. Wenige Tage bevor ich in seine Zelle verlegt wurde, war Alexander 50 Jahre alt geworden.

Vielleicht ist es der Altersunterschied; er könnte mein Vater sein. Jedenfalls habe ich großes Vertrauen zu ihm und beginne meine Geschichte zu erzählen. Alexander spricht mir Mut zu für die Tage und Wochen, die wohl noch vor mir stehen. Daß es Jahre werden, ahne ich noch nicht.

Mir imponieren nicht nur die Ruhe und Erfahrung von Alexander. Er ist ein hochgebildeter Mann, sein Wissen über Kunst und Literatur erstaunen mich und machen mir die Mittelmäßigkeit meiner eigenen Schulbildung bewußt. Gespräche mit Alexander sind für mich ein Gewinn. Außerdem ist er ein angenehmer Zellengenosse, ausgeglichen und taktvoll. Niemals höre ich ihn schimpfen.

Woldemar dagegen wird mir immer unsympathischer. Aufdringlich und direkt fragt er nach meinen Erlebnissen und Gedanken. Es ist schwer, ihn nicht scharf und beleidigend abzuweisen. Obwohl mir Gespräche nach der langen Einzelhaft gut tun, ziehe ich mich zurück und schweige.

Irgendwann in der Nacht werde ich wieder herausgeholt. Diesmal hat der Vernehmungsoffizier keinen Dolmetscher nötig. Er spricht fast akzentfreies Deutsch mit Berliner Mundart. Zu meiner Angelegenheit hat er überhaupt keine Fragen. Er interessiert sich nur für Alexander.

„Haben Sie sich mit den zwei anderen Inhaftierten schon bekannt gemacht?“

„Wir haben uns gegenseitig vorgestellt. Alexander habe ich etwas über mich und meine Familie erzählt."

„Hat er sich für Ihren Fall interessiert?"

Ich verneine wahrheitsgemäß.

„Zeigten Sie Interesse an seiner Inhaftierung?"

„Ich verstehe Ihre Frage nicht."

„Ich will wissen, ob Sie ihm Fragen zum Grund seiner Verhaftung gestellt haben."

„Nein."

Natürlich weiß er, daß wir lange miteinander gesprochen haben. Das kann dem Posten nicht entgangen sein.

„Worüber haben Sie denn gesprochen?"

„Wie ich schon sagte, wir haben uns über Familiäres unterhalten. Mehr war nicht."

„Wissen Sie, wie alt Alexander ist?"

„Ja. Erst kürzlich ist er 50 geworden. Das hat er mir gesagt."

„Sprach er über seine Jugendzeit?"

Die Frage bestärkt mich in meiner Vorsicht.

„Wir hatten dazu keine Gelegenheit. Ich habe bisher sehr viel über mich erzählt. Ich wollte eigentlich nur mit jemandem über meine Familie sprechen, und da hat er zugehört."

Der Vernehmungsoffizier blickt mich lange an. Er glaubt mir nicht.

Ich bin zwar hoffnungslos übermüdet, aber doch ungeheuer angespannt und aufmerksam. Als wäre mein Schicksal nicht schwer genug, werde ich nun noch zu anderen Gefangenen verhört. Und soll zum Spitzel werden. Darauf zielen die Fragen deutlich ab. Das Verhör ist beendet. Der Posten bringt mich wieder zurück in die Zelle.

Die beiden anderen sind wach, als ich mich auf die Pritsche lege. Alexander schaut mich an und erwartet einen Bericht. Den gebe ich ihm leise, damit der Wachsoldat uns nicht hört. Meine Haltung zur Befragung findet Alexander gut. Nun, wo die Anspannung vorüber ist, fühle ich mich erschöpft und schlafe sofort ein. Am nächsten Tag stehe ich zerschlagen auf; Kreuz-und Gliederschmerzen habe ich früher nicht gekannt, jetzt spüre ich sie ständig.

Neue Anschuldigungen

Gegen 8 Uhr wird Woldemar aus der Zelle geholt; den Beutel mit seinen Sachen muß er mitnehmen. Er wird also nicht wieder in die Zelle zurückkommen. Nach Alexanders Meinung ist er ein Spitzel. Immer wieder in den letzten Tagen habe er versucht, etwas über seinen Zellenkameraden zu erfahren. Der Gipfel war die Frage, ob er denn nicht irgendwelche Alliierten kenne, die zu seiner Freilassung eingeschaltet werden könnten.

Alexander erzählt an diesem Tag Einzelheiten, die mir zeigen, wieviel er weiß über dieses Getriebe, in das wir geraten sind.

Unser Gefängnis hier in der Weißenseer Metzstraße ist eine der zahlreichen Operativabteilungen des MGB. Alexander erklärt mir den Weg der russischen Sicherheitsorgane von der Tscheka über die GPU (Staatliche politische Verwaltung), das NKWD (Volkskommissariat für Innere Angelegenheiten), das NKGB (Volkskommisariat für Staatsicherheit) bis zum MGB (Ministerium für Staatssicherheit). Letzteres besteht seit Anfang März 1946 und untersteht dem allmächtigen Berija, einem rücksichtslosen Funktionär, der zehntausende Andersdenkende, unter ihnen viele Kommunisten, in Straflager deportieren und umbringen ließ. Das deckt sich mit den Erzählungen von Kolja und Arkadi. Die Erkenntnisse fügen sich für mich zu einem fürchterlichen Ganzen. Wie konnte es zu solchen Auswüchsen und Deformationen kommen? Unvorstellbar für einen Staat, der sich humanistisch und sogar sozialistisch nennt.

Wir überlegen, wieviel Gefangene hier in diesem Keller sein könnten. Ist jede Zelle nur mit einem Mann belegt und zählt man uns dazu, kommen wir auf 15 Personen. Sie werden alle zu den unterschiedlichsten Zeiten aus ihren Zellen geholt, während ich nur nachts verhört werde.

Auch diesmal holen sie mich wieder.

Der Oberstleutnant fragt:

„Wie fühlen Sie sich?"

„Schlecht", antworte ich wahrheitsgemäß.

„Es könnte Ihnen besser gehen, wenn Sie vernünftig wären und uns die ganze Wahrheit über Ihre konterrevolutionäre Tätigkeit sagten."

„Über was?"

Ärgerlich sieht er mich an. So als wolle ich ihn absichtlich nicht verstehen.

„Ich kann mit dem Begriff 'konterrevolutionäre Tätigkeit' nichts anfangen. Was soll das bedeuten?"

„Wir haben in den vergangenen Tagen zuverlässige Informationen über Sie erhalten. Eine genaue Überprüfung bestätigte die Vorwürfe, die wir gegen Sie erheben."

„Wenn Sie meinen, daß ich in der Öffentlichkeit über Straflager in der Sowjetischen Besatzungszone und in der Sowjetunion gesprochen habe, so stimmt das. Ich weiß allerdings nicht, was das mit Konterrevolution zu tun hat."

„Die Nachforschungen haben ergeben, daß Sie nicht nur darüber gesprochen, sondern zu Protesten und Gegenmaßnahmen in der Sowjetischen Besatzungszone aufgerufen haben."

„Das ist nicht wahr. Ich wollte nur die Wahrheit über solche Behauptungen wissen. Aber meine Inhaftierung scheint die Vermutung zu bestätigen."

„Jetzt lassen Sie die Maske endlich fallen. Ihre soeben gemachte Äußerung ist der Beweis Ihrer feindlichen Einstellung zur UdSSR. Außerdem wissen wir inzwischen, daß Sie ein amerikanischer Spion und Resident einer Gruppe von Agenten sind."

Mir verschlägt es die Sprache. Ich weiß nicht einmal, was ein Resident ist. Meine Situation jedoch wird mir schlagartig klar. Alle Hoffnungen, die ich bisher noch hatte, hier recht bald wieder rauszukommen, verfliegen sofort. Jetzt kann ich sagen, was ich will, man wird mir Lüge unterstellen. Eine furchtbare Ahnung wird zur Gewißheit.

„Sie haben heute noch die Gelegenheit, uns Ihre Verbindungsleute bei den Amerikanern zu nennen. Wenn Sie das tun, denken wir über eine milde Strafe für Sie nach. Wenn Sie schonungslos alle Praktiken des amerikanischen Geheimdienstes aufdecken, sind wir gewillt, Sie möglicherweise auf freien Fuß zu setzen."

Die Situation ist aussichstlos. Ich habe ja nicht einmal etwas preiszugeben. Aber das wird mir hier niemand glauben. Der Offizier wartet noch eine Weile und sieht mich fordernd an. Dann werde ich abgeführt.

Alexander hört mir geduldig zu. Illusionen hat auch er keine. Bei diesem Spiel haben andere die Karten gemischt.

Bei Alexanders weiteren Erzählungen am nächsten Tag wird mir das noch klarer. Erstaunlich, wie er über dieses System Bescheid weiß, obwohl er doch Jahrzehnte im Ausland war. Er spricht von Beschuldigungen gegen ganze Völkerschaften. Besonders Angehörige kaukasischer Völker und den im Wolgagebiet ansässigen Sowjet- oder Rußlanddeutschen wurde antisowjetische Propaganda, Hetze und Sabotage vorgeworfen. Die Sowjetdeutschen siedelte man aus; sie müssen jetzt gegen ihren Willen in Kasachstan leben.

Erstaunlich auch Alexanders Wissen um die Prozesse und Verfolgungen 1937. Den „Selbstmord" Ordshonikidses bezeichnete er als bewiesenen Mord. Ich versuche, das alles zu begreifen, doch mir fehlen Kenntnisse über die politischen Zusammenhänge dieser Jahre.

Eines wird mir klar. Wenn Alexander damit an die Öffentlichkeit gegangen ist, dann liegt schon allein darin der Grund für seine Inhaftierung. Er verneint, darüber habe er mit niemandem gesprochen. Erst jetzt hier in der Haft erinnere er sich der Veröffentlichungen einiger ehemaliger politisch Verfolgter, denen die Flucht in andere Länder gelang. Dort haben sie ihr Wissen weitergegeben. Für manche von ihnen war das sogar im Ausland tödlich. Sie kamen auf mysteriöse Art und Weise um. So weit reichte der Arm der Sicherheitsorgane.

Wenn alles so perfekt funktioniert, wie viele unschuldig Inhaftierte und Verurteilte werden es wohl in der Sowjetunion selbst sein? Alexander meint, einen genauen Überblick habe er nicht, aber ausländische Kenner der UdSSR sprächen von einigen Millionen Betroffenen.

Nachts werde ich wieder geholt. Diesmal hat der Untersuchungsführer an einem kleinen Tisch direkt mir gegenüber Platz genommen. Er beginnt:

„Nun, haben Sie über Ihre Lage nachgedacht?"

„Ich weiß nur, daß ich meiner Meinung nach nichts Strafbares begangen habe."

„Das behaupten alle, die sich irgendwie schuldig gemacht haben. Bekennen Sie sich dazu, antisowjetische Propaganda betrieben zu haben?"

„Wenn Sie das meinen, was ich über die Straflager wußte, so glaube ich nicht, daß mein Reden darüber zu feindlichen Tätigkeiten gehört. Ich wollte doch nur die Meinung anderer erfahren, um selbst vielleicht damit ein eigenes Urteil zu finden."

Er sitzt mir am Tisch ganz nah gegenüber. Ich spüre, wie er mit seinen Schuhspitzen an meine Schienbeine tippt.

„Sagen Sie endlich, von wem Sie solche Lügen erfahren haben!"

„Ich weiß das beim besten Willen nicht. Ich habe vieles in den Gesprächen anderer gehört, und diese Leute kenne ich nicht."

Ganz sicher bin ich mir nun nicht mehr, ob sie nicht doch von Kolja und Arkadi wissen.

Der Oberstleutnant verzieht keine Miene, als er weiterfragt:

„Ist Ihnen eigentlich klar, in welcher Situation Sie sich befinden, wenn Sie uns Unwahrheiten auftischen?"

„Nein."

Er klopft weiter an meine Schienbeine.

„Dann will ich es Ihnen sagen. Sie werden solange in Haft bleiben, bis Sie sich zu Ihren Taten, zu Ihren Feindseligkeiten gegen mein Land bekennen. Denn Sie sind schuldig geworden, haben gegen die staatliche Ordnung verstoßen."

Sein Klopfen mit den Schuhspitzen wird mir unerträglich, reißt an meinen schon so strapazierten Nerven. Schmerz spüre ich nicht, aber ich merke, wie sich alles in mir aufbäumt. Ich versuche seinen Bewegungen auszuweichen, werde sofort zum Stillsitzen aufgefordert. Damit kann ich der Prozedur nicht entkommen.

„Ich bringe Sie vor das Militärtribunal der Roten Armee. Dort wird über Ihre Schuldfrage und das Strafmaß entschieden. Ich kann Ihnen heute schon versichern, wenn Sie so weitermachen, werden Sie Ihre Angehörigen und Freunde für lange Zeit nicht wiedersehen."

Ich bin am Verzweifeln. Neben den so leicht dahingesagten Sätzen, die seelische Pein bereiten, noch diese körperlichen Belästigungen. Ich kann mich kaum noch bezwingen und greife nach einem Porzellanaschenbecher, der auf dem Tisch steht. Er zerbricht an der Wand, mit einer blitzschnellen Bewegung war der Mann ihm ausgewichen.

Eiskalt blickt er mich an. Über den Dolmetscher erfahre ich, daß in diesem Vorfall meine Haltung zur Sowjetunion deutlich werde. Tätlichkeiten gegen einen Vertreter der Sowjetmacht. Man eröffnet mir, daß darüber ein Protokoll angefertigt werde. Mir ist schon alles egal.

Am nächsten Morgen erzähle ich Alexander alles. Er ist betroffen und erklärt mir, daß daraus ein Strick gedreht würde. Natürlich könne er meine Haltung verstehen, sie würde aber noch schlimme Folgen haben. Sein Verdacht bestätigt sich rasch.

Vormittags werde ich aus der Zelle geholt. Der Dolmetscher ist mit mir allein. Vor mir liegt ein in russischer Sprache abgefaßtes Schriftstück, das erste überhaupt, seit man mich verhört. Ich soll es unterschreiben, obwohl ich es nicht lesen kann. Mit der mündlichen Übersetzung will er meinen Protest entkräften. Ich glaube, nicht richtig zu hören. Ohne Grund, so heißt es darin, sei ich auf den Oberstleutnant losgegangen, habe ihn mit einem schweren Aschenbecher bedroht und damit nach seinem Leben getrachtet. Es fehlt lediglich das Wort „ Mordversuch". So verweigere ich die Unterschrift und verlange eine wahrheitsgemäße Darlegung des Vorfalls. Höhnisch kanzelt mich der Dolmetscher ab. An dem Protokoll wird auch das Fehlen meiner Unterschrift nichts ändern.

Vier Tage später versuchen sie es immerhin noch einmal. Als ihre Drohungen nichts an meiner Haltung ändern, bringen sie mich in die Zelle zurück. Wie es nun weitergehen soll, weiß ich nicht. Es ist ein Punkt erreicht, an dem ich nur noch eins denken kann: raus hier! Mein Kopf scheint keinen nüchternen und klaren Gedanken mehr zu fassen. Außerdem bin ich völlig ausgehungert. Alexander versucht, mir über diesen Tiefpunkt hinwegzuhelfen. Aber auch mit ihm will ich nicht reden. Er versteht es und läßt mich in Ruhe.

Verlegung nach Lichtenberg

Am nächsten Tag öffnet sich die Tür und ich muß „mit all meinen Sachen" die Zelle verlassen. Als ich mich von Alexander verabschiede, gibt er mir viele gute Wünsche mit auf den Weg. Müde und resigniert winke ich ab. Wie im Traum torkele ich dem Posten hinterher, der mich auf den Hof führt. Es ist jetzt Winter und ich spüre die bittere Kälte durch meine dünne Kleidung. Man wirft mir eine Wattejacke zu. Der Dolmetscher bringt mich zu einem PKW, der bis direkt an die Eingangstür herangefahren ist. Ich sitze eingezwängt zwischen zwei Zivilisten und versuche dennoch, nach draußen zu sehen.

Unsere Fahrt führt über die Lichtenberger Straße in Weißensee zur Frankfurter Allee. Kurz vorher biegt der Wagen jedoch in eine Nebenstraße ein. Vor uns sind die Umrisse eines großen Gebäudes zu erkennen, das von vielen Scheinwerfern angestrahlt wird. Es muß die Magdalenenstraße in Lichtenberg sein. Dieser große Gefängnisbau hier ist schon mehrere Jahrzehnte alt. Man bringt mich über einen Flur zum Wachraum. Hier muß ich warten. In den letzten Wochen habe ich es gelernt, scharf zu beobachten, Situationen, Räume, Gelände. Seit dem Abtransport aus der Metzstraße habe ich meine Umgebung keine Sekunde aus dem Auge gelassen. Ich habe sogar in manchen Augenblicken Fluchtgedanken.

Ein Offizier, offensichtlich der Diensthabende, telefoniert viel. Er zieht Erkundigungen ein, fragt dann meinen Begleiter nach Dokumenten. Sie diskutieren heftig. Manches verstehe ich bereits, das verschafft mir eine gewisse Befriedigung. Schließlich fordert mich ein Sergeant zum Mitkommen auf und bringt mich über mehrere Quergänge in die erste Etage. Vor uns liegt ein langer Gang, von Drahtnetzen begrenzt. Meine Zelle befindet sich in der Mitte des Ganges. Wieder bin ich allein. Doch bevor der Soldat die Tür schließt, fragt er mich durch Gesten, ob ich schon gegessen habe. Nach wenigen Minuten bringt er mir ein Stück Brot. Zu trinken bekomme ich nichts.

Da ertönen draußen die Schläge einer Kirchturmuhr. Wahrscheinlich die Kirche in der Normannenstraße. Sie steht in unmittelbarer Nähe des Gefängnisses. Ihre Glocken sind alle 15 Minuten und zu jeder vollen Stunde zu hören. Beim nächsten Mal zähle ich mit: es ist halb elf Uhr abends. Der Posten klopft an die Tür, ruft „Spatj", Schlafen. Doch das ist leichter gesagt, als getan. Wieder plagen mich die Flöhe.

Morgens führt mich der Posten in die Waschzelle. Hier muß ich mir unter seiner Kontrolle mit einer Schere den Bart stutzen. Das erste Mal seit der Verhaftung. Anschließend erhalte ich einen Rasierapparat und versuche unter großen Mühen die Stoppeln abzukratzen. Eine schmerzhafte Angelegenheit – nur mit kaltem Wasser und ohne Seife. Aber immerhin ich fühle mich etwas frischer.

Als sich die Tür wieder öffnet, sehe ich zwei in Küchenuniform gekleidete Männer. Sie sind kahlgeschoren. Einer schöpft dünne Suppe aus einem Essenkübel in eine Blechschüssel, der andere verteilt das Brot. Hinter der offenen Tür steht der Posten, ich höre seine Befehle. Das bißchen ist schnell gegessen. Wieder stundenlang grübeln.

Das Urteil der Troika

So vergehen zwei Tage, ohne daß sich etwas ereignet. Diese Einsamkeit ist vielleicht das Bedrückendste. So versuche ich, mein Zeitgefühl zu verfeinern. Seit der Verhaftung sind zehn Wochen vergangen. Bald ist also Weihnachten. Wieder erfaßt mich tiefer Schmerz. Die Sehnsucht nach meiner Familie und die Ausweglosigkeit meiner Lage lassen mich verzweifeln.

Mitten in meinen Gedanken werde ich aus der Zelle geholt. Man bringt mich in einen großen Raum mit langen Bänken. Der einzeln stehende Tisch im vorderen Teil des Raumes ist mit rotem Tuch bedeckt. Während ich mich umschaue, kommen drei weitere Gefangene hinzu. Auch sie müssen sich auf die Bank setzen. Ich mustere die drei, keiner von ihnen ist mir bekannt. Auch sie sehen mich verwundert und erstaunt an. Als vier Uniformierte eintreten, müssen wir aufstehen. Sie nehmen am Tisch Platz, dann dürfen wir uns setzen. Die drei anderen werden einzeln nacheinander aufgerufen und müssen ihre Personalien nennen. Ihre Namen sagen mir nichts. Plötzlich zeigt einer der Offiziere, wahrscheinlich der Vorsitzende dieses „Gerichts", auf mich. Bei meinem Namen bemerke ich Unverständnis auf den Gesichtern der Russen. Sie vergleichen die Papiere, die auf dem Tisch liegen. Ich werde vom Posten hinausgebracht und komme wieder in meine Zelle zurück. Auf dem Weg dorthin schimpft der Soldat laut. Wütend schließt er die Tür hinter mir zu. Was ich eben erlebt habe, sollte eine Gerichtverhandlung sein. Wenn meine Lage nicht so ernst wäre, könnte man über die Verwechslung sogar schmunzeln. Aber mir ist nicht danach.

Ehe ich weiter überlegen kann, wird die Zellentür wieder geöffnet, ich werde abermals abgeholt. Diesmal von einem Offizier, es ist ein Oberleutnant. In der zweiten Etage erwarten mich ein Major und der Dolmetscher. Ich muß meinen Namen nennen, dann höre ich wieder die schon in Weißensee gegen mich erhobenen Vorwürfe. Sie enden mit der Frage, ob ich mich schuldig bekenne. Ich verneine. Der Major verliest ein vorbereitetes Papier. Es beinhaltet meine „Vergehen" gegen die Besatzungsmacht, gegen die Sowjetunion überhaupt und beschuldigt mich der Gewalttätigkeit gegen einen Offizier der Roten Armee. Ich erfahre über den Dolmetscher, daß ein Sondergericht in Moskau über meinen Fall beraten hat. Das Urteil lautet: zehn Jahre Strafhaft im Arbeitslager.

Mir werden die Knie weich. Von weither höre ich die Aufforderung des Dolmetschers, das Urteil zur Kenntnis zu nehmen und zu unterschreiben. Ich unterschreibe nicht.

„Ob Sie unterschreiben oder nicht, das Urteil wird vollzogen. Ihre gerechte Strafe erhalten Sie in einem Arbeitslager in der Sowjetunion unter erschwerten Bedingungen, da Sie ein besonders hartnäckiger und schwerer Fall sind."

Höhnisch lachend übersetzt der Dolmetscher die Worte des Offiziers. Wieder überfällt mich Schwäche, erst in der Zelle komme ich wieder zu mir.

Sie ist mit sieben Häftlingen belegt. Alle kahlgeschoren, ein fürchterlicher Anblick. Erst nach und nach habe ich die Kraft, mich mit meinen Zellengefährten bekannt zu machen. Alle wurden im Jahr 48 inhaftiert.

Adi und Karl aus Zeitz sind Vettern. Sie werden der Spionage bezichtigt. Beide waren 1945 kurzzeitig in amerikanischer beziehungsweise französischer Gefangenschaft. Sie gehörten nach dem Krieg keiner politischen Organisation an, unterhielten lediglich Kontakte zu ihren Verwandten in Westdeutschland. Das war zwar nicht verboten, reichte aber offensichtlich den Sicherheitsbehörden aus, ihnen Spionage zu unterstellen und sie zu verhaften. Das Urteil über Adi und Karl wurde ebenfalls in Moskau festgelegt. Es lautet: 25 Jahre Arbeitslager.

Walter aus Berlin ist Antifaschist und Kommunist. Vor 1933 in Hamburg als Hafenarbeiter tätig, zählte er zu den engsten Kampfgefährten Thälmanns. Unter Hitler wurde Walter politisch verfolgt, mehrfach verhaftet, viele Jahre interniert. Sein Rücken ist gebeugt von der harten Arbeit im Hamburger Hafen. Nach Kriegsende trat er in die neuformierte Polizei im Ostsektor Berlins ein. An der Seite erfahrener Kriminalisten, die vor der Machtergreifung Hitlers schon im Polizeidienst standen, bildete er sich mit großem Eifer und viel Fleiß auf diesem Gebiet weiter. Seine Erfolge im Berlin der Nachkriegszeit bei der Bekämpfung der Kriminalität machten ihn bald zum Ressortleiter einer Spezialabteilung der Kripo. Den Amerikanern war es gelungen, zwei Agenten des CIA unter seine Mitarbeiter zu schleusen. Bei einem Diversionsakt wurden sie durch sowjetische Sicherheitsorgane gefaßt. Sie behaupteten, von Walter angeworben zu sein. Beweise gab es keine. Das reichte aber für eine Verurteilung zu zehn Jahren Straflager. Seine Strafe sei deshalb für ihn so mild ausgefallen, wurde ihm bei der Verurteilung gesagt, weil er gegen den Faschismus gekämpft habe.

Werner aus Plauen, ungefähr 50, ist Inhaber eines kleinen Textilbetriebes. Er spricht überhaupt nicht über seinen Fall. Die Zellenkameraden finden das merkwürdig. Ich kann ihn verstehen.

Klaus stammt aus Frankfurt an der Oder. Er studierte in Berlin an der medizinischen Fakultät im vierten Semester. Chirurg wollte er werden. Ein äußerst zurückhaltender, gebildeter junger Mann. Er ist 21 und mit einem Mädchen verlobt, das an der Westberliner Freien Universität Soziologie studiert. Seit zwei Jahren kennen sie sich und wollten im nächsten Jahr zu Ostern heiraten. Daraus wird nichts werden, denn Klaus ist wegen angeblicher antisowjetischer Tätigkeit an der Hochschule im Frühjahr 1948 verhaftet und vor zwei Wochen zu 20 Jahren Haft verurteilt worden. Er leidet wohl besonders unter der Trennung von seiner Familie. Igendwer aus der Nachbarschaft hat ihn denunziert – einer ganz persönlichen Differenz wegen.

Kurt aus Stahnsdorf bei Berlin ist der letzte in unserer Runde. Ein junger, unbekümmerter Bursche, der sogar noch in dieser Lage optimistisch ist. Seine fröhliche Art macht ihn sympathisch.

Mittags werde ich durch den Diensthabenden geholt und schon nach kurzer Zeit gleiche ich meinen Zellengenossen. Der Häftling, der meinen Kopf kahlschert, ist ebenfalls ein Deutscher. Danach geht es unter die Dusche. Schließlich werden mir alle Körperhaare abrasiert. Sogar die

Augenbrauen. Seltsam, aber nach dieser Prozedur fühle ich mich irgendwie wohler.

Ob man sich einen Überblick über die Belegung des gesamten Gefängnisses verschaffen kann? Keiner weiß es genau, aber einer Schätzung zufolge müssen mehrere hundert Häftlinge hier sein.

Kurt sitzt oft an der Wand und tauscht Klopfzeichen mit den Zellennachbarn aus. Er weiß, links sind es neun Männer, rechts sechs. Auch ich komme schnell hinter das Geheimnis des Nachrichtensystems. Man muß nur genau mitzählen – nach der Reihenfolge des Alphabets. Einmal klopfen bedeutet a, zweimal b und so weiter. Zwischen den Worten steht eine Pause. So werden sogar über mehrere Räume hinweg sicher und genau Informationen ausgetauscht. Nur ertappt werden darf man nicht. Für Klopfen droht der Karzer, eiskalt und unbeleuchtet. Die Russen sagen „Isolator" dazu. Ist der Verstoß gegen die Gefängnisordnung, die im übrigen keiner kennt, schwerwiegend, muß sich der Bestrafte bis auf die Unterwäsche ausziehen. Außerdem wird – je nach Strafmaß – kurzerhand die Verpflegungsration gestrichen.

Das hat mir Adi erzählt, dem das schon einmal passiert ist, als er beim Klopfen erwischt wurde. Dabei ging seine Strafe noch glimpflich ab. Das Warnsystem funktioniert hier übrigens ausgezeichnet. Ein Häftling stellt sich immer an die Tür, wenn Nachrichten übermittelt werden, und verdeckt mit seinem Körper den „Spion". So ist für die Wache von draußen nichts zu sehen.

Seit ich in dieser Zelle in der Lichtenberger Magdalenenstraße sitze, habe ich viel über andere Schicksale gehört. Natürlich kann ich die Schuld des einen oder anderen nicht beurteilen. Aber der Verlauf meiner eigenen Haftzeit, die Verhöre und sogenannten Untersuchungen bestärken mich in der Auffassung, daß es sich hier um Menschen handelt, die widerrechtlich verurteilt worden sind. Alle meine Gefährten sind durch eine Schreibtischentscheidung aus Moskau schuldig gesprochen worden.

Walter scheint Genaueres darüber zu wissen. Er kennt Fälle, in denen Andersdenkende in der Sowjetunion, darunter auch Kommunisten, besonders ab 1937 im Zusammenhang mit den Trotzkisten-Verfolgungen, durch eine 'Troika' verurteilt wurden. Das sei ein Gremium, erzählt er uns, das aus je einem Vertreter der Staatsanwaltschaft, der Staatssicherheit und einem Richter besteht. Dieser 'Troika' werden seiner Meinung nach solche Fälle zugeleitet, die auf Verleumdungen oder Denunziationen beruhen, bei denen es also keine richtigen Beweise gäbe. Vor einem ordentlichen Gericht oder Militärtribunal hätten sie keinen Bestand und müßten unweigerlich zu Freisprüchen führen. Das aber sei nach widerrechtlicher Untersuchunghaft unter teilweise unmenschlichen Bedingungen nicht mehr möglich, ohne die Schuldigen bloßzustellen.

Internierungslager Sachsenhausen

Plötzlich ist ein Gerücht da. Keiner weiß so richtig, was man davon halten soll. Mitgebracht hat es Werner; er mußte in der Krankenstation wegen hohen Fiebers behandelt werden. Drei Tage war er dort und erzählt nun nach seiner Rückkehr eine Neuigkeit: Viele Strafgefangene würden ins ehemalige KZ Sachsenhausen gebracht. Er erfuhr das von seinem Bettnachbarn, der bereits in der Krankenbaracke in Sachsenhausen gelegen hatte. Sein Urteil lautete 25 Jahre Straflager wegen angeblicher Spionage und Verrats von Geheimnissen. Dieser Mann bestätigte auch die Vermutungen um die Tätigkeit der 'Troika'. Gleichzeitig hat Werner erfahren, daß aus Lichtenberg alle Verurteilten nach Sachsenhausen gebracht würden. Aus dem ehemaligen Hitler-KZ sei ein sowjetisches Internierungslager mit mehreren tausend Häftlingen, überwiegend Deutschen, geworden. Dort im Lager gebe es einen massiven Zellenbau, in dem bis 1945 Antifaschisten von der SS gefoltert und zu Tode gequält wurden.

In diesem Gebäude, so hatte der Mann berichtet, würden jetzt die Transporte nach Rußland für die Straflager zusammengestellt. Sachsenhausen sei ein Knotenpunkt; hier träfen aus vielen Gefängnissen der Sowjetischen Besatzungszone Häftlinge ein und würden von da aus weitertransportiert. Erst kürzlich sei ein Transport von mehreren hundert Verurteilten abgefahren. Werners Worte lösen heftige Diskussionen und schreckliche Visionen aus.

Es vergehen die Weihnachtsfeiertage, Neujahr. Der Gefängnisalltag bringt wenig Abwechslung. Manchmal werden wir zellenweise zu Reinigungsarbeiten eingeteilt. Der Gang vor den Zellen auf unserer Etage muß gefegt und anschließend gewischt werden. Dafür gibt es einen zusätzlichen Schlag Suppe und ein kleines Stück Brot. So vergeht der Januar, Klaus weiß das auf den Tag genau. Er führt sozusagen unsere Zeitrechnung. Ich fühle mich seit Tagen krank, habe heftigen Husten und wohl auch Fieber. Am Morgen melde ich es bei der Frühzählung. Der Posten öffnet und ich versuche, ihm klarzumachen, daß ich mich schlecht fühle. Es scheint nichts zu nützen.

Am anderen Tag dann, in aller Frühe, holt mich doch ein Soldat und bringt mich in die Krankenstation. Dort verbringe ich drei Tage, erhalte auch Medizin. Langsam geht es mir etwas besser. Ich komme wieder in die Zelle zu meinen Gefährten zurück. Leider bringe ich keine neuen Nachrichten mit, denn in der Krankenzelle war ich allein, wurde nur durch einen russischen Sanitäter versorgt. Am Nachmittag dieses Tages jedoch wird es im gesamten Bau unruhig. Ständig werden Türen geöffnet und Namen aufgerufen.

Morgens müssen wir außer der Reihe in die Dusche, anschließend zur Feststellung unserer Personalien ins Erdgeschoß. Im Gefängnishof stehen schon Lastwagen bereit. In enge Zellen auf der Ladefläche geschlossen, gehen wir auf Transport ins Ungewisse.

Wir sind schon zwei Stunden unterwegs, als unsere Lastwagen durch ein Tor auf einen großen Platz fahren. Dort werden wir in ein flaches Gebäude geleitet. Auf dem Gang im Innenraum müssen wir uns einzeln an die Wand stellen. Die Fahrzeuge sind in kurzen Zeitabständen im Lager eingetroffen, denn jetzt befinden sich hier 40 bis 50 Personen. Wo sind wir? Irgend jemand sagt: „In Sachsenhausen, im Steinbau". Diese Worte gehen durch die Reihen.

Verblüfft stelle ich fest, daß wir sieben aus Lichtenberg wieder zusammen in einer Zelle sitzen. Es ist die Nummer 44, ein kleines Loch, in das sie uns gesteckt haben. Vielleicht nur für kurze Zeit. Die zweistöckigen Pritschen sind durchgängig, wie schon zuvor in den anderen Haftanstalten. Aber viel schmaler. So wird die Nacht für uns entsetzlich. Dreht sich einer, rempelt er die anderen an. „Umdrehen nur auf Befehl", sagt Adi mit Galgenhumor.

Hinzugekommen sind Helmut, Erwin und Gerhard. Sie saßen bisher in der Potsdamer Lindenstraße und sind auch dort verhört und verurteilt worden. Gleichfalls durch die ‚Troika'. Auch ihre Endstation wird ein Straflager in der Sowjetunion sein – für jeden 25 Jahre. Auch den drei Neuen werden sowjetfeindliche Verbindungen zu Westalliierten unterstellt. 1946/47 waren sie aus englischer und französischer Gefangenschaft entlassen worden. Ordnungsgemäß hatten sie sich in ihren Heimatorten, im Land Brandenburg, angemeldet und gingen ihrer Arbeit nach. Politisch waren sie nach 1945 nicht engagiert. Seit dem Sommer vergangenen Jahres befinden sie sich nun schon in Haft. Auch bei ihnen wissen die Angehörigen nichts über Inhaftierung und Verurteilung.

Im Lager Sachsenhausen sitzen nicht nur Deutsche. Aus der Zelle rechts neben uns hören wir russische Laute. Nach den Klopfzeichen zu urteilen, beherrschen unsere Nachbarn das deutsche Alphabet recht gut. Kurt nimmt sofort mit ihnen Verbindung auf. Sie bitten uns, das Fenster zu öffnen und mit ihnen zu reden. Zunächst sind wir skeptisch. Dann klettere ich auf die obere Pritsche, der Riegelverschluß gibt schnell nach. Ein wenig kann man ihn nach innen kippen, die Scharniere sind am unteren Fensterrand angebracht. Außen gibt es noch eine Blende, aber sie ist mindestens 20 Zentimeter vom Mauerwerk entfernt.

Aus dem Nebenfenster wird in gutem Deutsch gefragt, wer wir sind und woher wir kommen. Diese Art der Unterhaltung scheinen unsere Nachbarn gewohnt. Da sie Russen sind, genießen sie hier vielleicht Sonderrechte, die ihnen die Wachmannschaft einräumt. Sonderbar. Sie wollen unsere Bedenken wegen der verbotenen Gespräche zerstreuen. Und wirklich, kein Wachhabender nimmt Notiz von unserem Vorhaben. Was wir dann jedoch erfahren, läßt uns wieder auf Distanz gehen.

Unsere Nachbarn dienten alle in der Roten Armee, waren zum Teil schon über 3 Jahre in Deutschland. Angeklagt sind sie wegen schwerer krimineller Vergehen: Raub mit Todesfolge, Mord an Dienstvorgesetzten. Es ist das erste Mal, daß wir auf richtige Kriminelle treffen. Der Gedanke an solche Nachbarschaft ist unangenehm, keiner will etwas mit ihnen zu tun haben.

Im Zellenbau

Am nächsten Tag werden wir zellenweise über den winterlichen Lagerhof zum Tor zurückgebracht. Dort sitzt offensichtlich die Kommandatur. Einzeln werden unsere Personalien festgestellt. Das wievielte mal schon? Anschließend verewigen wir uns mit den Fingerabdrücken beider Hände auf einer Karteikarte. „Für die Verbrecherkartei", murmelt jemand halblaut.

Wir sind nun Verurteilte und das scheint uns eine größere Portion Brot einzubringen. Vielleicht dürfen wir nun endlich auch nach Hause schreiben. Ich schlage vor, diese Bitte beim Kommandanten vorzubringen. Schon in Weißensee, später dann auch in Lichtenberg, hatte ich darum

Zellenbau des Internierungslagers Sachsenhausen

ersucht, eine Nachricht an meine Angehörigen übermitteln zu dürfen. Das wurde immer abgelehnt. Untersuchungshäftlinge dürften nicht schreiben. Nun will ich es erneut versuchen. Meine Zellengefährten sind skeptisch, sie versprechen sich davon nichts. Durch Klopfzeichen an der Tür mache ich mich bemerkbar, aber Stunden vergehen, ehe ein Posten reagiert. Ich verlange den Diensthabenden. Als der nach langer Zeit kommt, fragt er mich barsch, was ich wolle. In meinem gebrochenen Russisch versuche ich, meinen Wunsch vorzutragen. Mit einem „nix verstehen" bin ich schnell abgefertigt. Am nächsten Tag starte ich einen erneuten Versuch. Diesmal bringt er mich immerhin in einen Raum des Steinhauses und zu einem Offizier. Der begreift sofort, wovon ich rede, sagt aber nur lakonisch: „Hier keine Briefe, erst wenn Straflager, dann schreiben."

Das wars. Als ich es meinen Kameraden erzähle, zucken die nur mit den Schultern.

Ab und zu dürfen wir an die frische Luft. Zellenweise werden die Gefangenen auf den Hof geführt, der hinter dem Steinbau liegt. In zwei Metern Abstand voneinander müssen sie dann im Kreis herumgehen. Es ist noch immer Winter und trotz der Wattejacken frieren wir jämmerlich. Unsere ausgezehrten, kraftlosen Körper haben der Kälte kaum etwas entgegenzusetzen. Zwei Posten beobachten uns argwöhnisch, und kontrollieren jede unserer Bewegungen beim Rundgang. Jegliche Unterhaltung ist im Hof streng untersagt. So habe ich genügend Zeit, mir die Umgebung genau anzusehen. Der Hof ist etwa 75 Meter lang und vielleicht 10 Meter breit. Eine hohe Mauer mit Stacheldraht schirmt die eine Seite nach außen ab. Der riesige Wachturm aus Holz steht genau in einer Ecke und gestattet einen Überblick über das gesamte Lager. Auch vor der Mauer befindet sich noch eine 5 Meter breite Zone, die mit Stacheldraht abgezäunt ist. Niemandsland – hier ist kein Durchkommen.

Durchgefroren kehren wir wieder in die Zelle zurück, haben aber endlich einmal frische Luft geatmet. Danach herrscht in der Zelle eine viel ruhigere und angenehmere Atmosphäre. Walter, der Kommunist, weiß viel über das Lager Sachenhausen zu erzählen, denn er gehörte einer Kommission zur Aufdeckung der Nazi-Verbrechen an. Hier, in der Nähe von Oranienburg, ungefähr 35 Kilometer nördlich Berlins, begannen im Jahre 1936 Häftlinge des NS-Regimes damit, das Konzentrationslager anzulegen. Ein Jahr später war der Aufbau zunächst abgeschlossen. Während des Krieges stieg die Zahl der Gefangenen jedoch stark an. Sachsenhausen war ein sogenanntes „Schutzhaftlager". Hier wurden von der Gestapo diejenigen eingeliefert, die als Gegner des Staates galten.

Mehr und mehr Baracken mußten errichtet werden, immer neues Gelände wurde angegliedert. Walter berichtet, daß hier während der Hitler-Diktatur etwa 200 000 Menschen inhaftiert waren, die Hälfte davon hat nicht überlebt. Ihm ist auch bekannt, daß unmittelbar nach der Befreiung vom Faschismus, genau im August 1945, die Anlage in Sachsenhausen wieder in Betrieb genommen worden ist. Diesmal durch die sowjetische Besatzungsmacht. Der Alliierte Kontrollrat gestattete dann im Oktober 1945 den Besatzungsmächten, alle Deutschen in Haft zu nehmen, die sie für gefährlich hielten. Vorgesehen war, die von Militärtribunalen verurteilten Nazi- und Kriegsverbrecher, aktive Natinalsozialisten, kollaborierende Unternehmer und Gutsbesitzer, kriegsgefangene Offiziere der Wehrmacht und der Waffen-SS ihre Strafe verbüßen zu lassen. Dazu kamen dann noch Jugendliche, denen man vorwarf, zu den NS-Partisanen „Werwolf" gehört zu haben. Jetzt seien unter den Häftlingen auch manche von den Westalliierten entlassene und von den Sowjets als Spione verhaftete ehemalige deutsche Soldaten.

Walter bestätigt auch, daß unter den Häftlingen viele willkürlich verhaftete des MGB sind. Darunter Menschen, die nicht einmal wissen, wessen man sie bezichtigt. In den letzten beiden Jahren sollen immer mehr „politische Gegner" der neuen Machthaber eingeliefert worden sein. Ich selbst fühle mich als Bestätigung dessen. Neben Sozialdemokraten sitzen auch Kommunisten wie Walter, die einfach ihre eigene Meinung vertreten haben. Walter meint, zeitweilig hätten sich in Sachsenhausen zwischen 11 000 und 16 000 Häftlinge aufgehalten.

Zur Behandlung hier gehört, daß wir keinerlei Kontakt zur Außenwelt haben dürfen, geschweige denn zu unseren Angehörigen. Wir sind völlig isoliert, ohne Briefverkehr, ohne Radio, ohne Zeitungen. Es besteht striktes Schreib- und Leseverbot. Der Besitz von Schreibpapier, Bleistiften oder ähnlichem steht unter Strafe.

Die Krankenbaracke

Nach einigen Tagen packt mich hohes Fieber. Beim Hofrundgang habe ich mich wohl erkältet. Ich melde mich beim Posten krank und werde noch am gleichen Tag in das allgemeine Lager zur Untersuchung gebracht. Mein Fieber ist sehr hoch, und so komme ich zur stationären Behandlung in die Krankenbaracke. Deutsche Ärzte und Pfleger versorgen uns dort. Russische Militärärzte führen jedoch die Aufsicht über alles. In einem großen Raum liege ich mit 14 anderen Häftlingen. Von einem deutschen Arzt erfahre ich, daß ich eine Lungenentzündung habe. Wahrscheinlich ist sie schon sehr schwer, denn sogar durch meinen Fieberschleier bemerke ich, daß sich mehr Pfleger und Ärzte um mich bemühen, als um die anderen Kranken. Nach Tagen erst geht es mir besser. Jetzt bekomme ich manchmal sogar Wurst und hin und wieder einen kleinen Becher Milch.

Dort, in der Krankenbaracke, treffe ich Hans wieder, einen Gefährten aus der Schulzeit. Er wohnte in Weißensee, nur ein paar Ecken von uns entfernt. Seit 1945 ist er schon interniert; Beteiligung am „Werwolf" wirft man ihm vor. Ich entsinne mich seines Verschwindens. Aus der englischen Zone kam er nach Kriegsende zu seinen Eltern zurück. Hans wollte die unterbrochene Lehre wieder aufnehmen und Bankkaufman werden. Doch schon nach kurzer Zeit griff das NKGB (Volkskommissariat für Staatssicherheit) zu. Aus der elterlichen Wohnung heraus wurde er verhaftet und kam nach Hohenschönhausen in das Kellerverlies. Mehrere Wochen verbrachte er dort unter unmenschlichen Haftbedingungen, bis man ihn dann im September 1945 nach Sachsenhausen schleppte. Er wurde hier schwerkrank und durfte nach seiner Genesung durch Fürsprache eines ihm bekannten Häftlingsarztes in der Krankenstation als Kalfaktor bleiben.

Hans erzählt mir, daß noch andere Jungen aus Weißensee hier im Lager seien. Mit ihnen hat er hin und wieder Kontakt und versucht, ihnen Eßbares zuzuschieben. Das ist natürlich riskant. Darauf stehen Strafen, die es in sich haben; stundenlanges Stehen im Freien beispielsweise.

Obwohl ich mich nun rasch erhole, bewerkstelligt es Hans, daß ich noch einige Tage länger in der Krankenstation bleiben kann. Solidarität, die ich nie vergessen werde.

Alle Zimmergefährten auf der Krankenstation sind Internierte seit 1946. Sie stammen ohne Ausnahme aus Städten und Gemeinden der Sowjetischen Besatzungszone. Ihr Alter reicht von Ende zwanzig bis sechzig und darüber. Wenn es stimmt, was sie über sich erzählen, handelt es sich bei ihnen nur um ehemalige kleine Anhänger der NSDAP. Keiner von ihnen hatte eine höhere Funktion. Es ist schwer zu beurteilen. Einerseits wollen sich alle reinwaschen, andererseits habe ich meine eigenen Erfahrungenen mit konstruierten Verhaftungsgründen.

Nach drei Wochen holt mich der Posten in den Steinbau zurück. Ich komme in die gleiche Zelle, in der jetzt allerdings nur noch sieben Männer sitzen. Meine Gefährten hatten Beschwerde wegen der unzumutbaren Belegungsstärke eingelegt. Dem war nach meiner Erkrankung schließlich auch entsprochen worden. Jetzt erregen uns Gerüchte von einem bevorstehenden Abtransport. Und wirklich werden wir an einem Frühlingstag aus der Zelle geholt. Draußen auf dem Hof sind schon Hunderte versammelt. Wahrscheinlich die gesamte Belegung des Zellengefängnisses. Ich suche nach bekannten Gesichtern, entdecke keines. Walter aber ist ziemlich erregt. Nur sagt er mir nicht warum. Erst später erfahre ich es. Er hat einen der beiden Spione entdeckt, die in seiner ehemaligen Dienststelle bei der Berliner Kriminalpolizei eingeschleust worden waren. Der aber tut, als würde er Walter nicht bemerken. Ich ahne, was in ihm vorgeht. Die Lügen dieses Mannes haben schließlich zu seiner Verhaftung geführt und ihn hierher nach Sachsenhausen gebracht.

Unser Trupp wird unter starker Bewachung von unbewaffneten Soldaten zum Appellplatz vor dem Lagertor geführt und in Gruppen zu ungefähr 60 bis 70 Männern aufgeteilt. Obwohl erst früh am Vormittag, scheint die Sonne schon recht warm. Das tut allen gut und dämpft auch die Unruhe, die überall zu spüren ist. Dann aber schlägt die Stimmung jäh um. Mit scharfen Befehlen werden wir aufgefordert, uns auszuziehen. Nach wenigen Minuten stehen alle nackt auf dem Appellplatz vor den Baracken, in denen – wie wir später erfahren – auch internierte Frauen untergebracht sind. Auf entwürdigende Art und Weise werden wir einzeln durchsucht, man leuchtet uns sogar mit Taschenlampen in den After. Das ist für mich einer der furchtbarsten Momente meiner bisherigen Haft. Auf einmal fallen mir Bilder ein aus ehemaligen Konzentrationslagern. Geschieht hier nicht das gleiche?

Viel Zeit zum Nachdenken bleibt jedoch nicht. Dawaj, Dawaj, ertönt es wieder. Nach dieser gründlichen „Visite“ müssen wir uns schnell anziehen und werden von den Posten durchs Lagertor getrieben. Jetzt sind sie mit Maschinenpistolen bewaffnet. Hinzu kommen Soldaten mit scharfen Hunden. Obwohl alles sehr schnell geht, wird meine Angst immer größer. Wohin bringen die uns? Ob das wirklich ein Transport nach Rußland ist? Wer weiß, vielleicht enden wir an einer Grube von 50 mal 50 Metern. Mir fallen die Masssenerschießungen der Nazis ein. Erst nach dem Krieg hatte ich von diesen schrecklichen Ereignisse erfahren.

Der Menschenhaufen, der stark bewacht vorwärts getrieben wird, besteht aus schätzungsweise 600 bis 700 Männern. Endlich taucht vor uns ein Anschlußgleis auf, wenig später erkennen wir Viehwaggons. Als wir näherkommen, sehen wir, daß sie ganz mit Stacheldraht umwunden sind.

Die vorher zusammengestellten Gruppen werden wieder aufgerufen. Über angelegte Leitern klettern wir in das Innere des Wagens. Ein widerwärtiger Geruch schlägt uns entgegen. Es ist der Boden, der so stinkt. Zwar ist kein Unrat zu sehen, aber man riecht, daß in diesen Waggons schon unzählige Menschen transportiert worden sind. Dürftiges Stroh ist auf beiden Seiten des Eingangs und über die Doppelpritschen verteilt. Es bedeckt nicht einmal die nackten Holzplanken. Die Fensterluken sind dicht; zusätzlich wieder mit Blenden von außen verkleidet. In einer Ecke vor der Schiebetür ist eine Öffnung für die Notdurft. Davor ist ein Holzbrett schräg angebracht, das nach draußen führt. Krachend fliegt die Schiebetür zu, wird verriegelt. Einige von uns klettern auf die Pritsche und versuchen, wenigstens einen Blick nach draußen zu werfen. Aber das gelingt nicht; alles ist so dicht, daß kein Lichtstrahl hereindringen kann. Dafür aber ist im Waggon eine elektrische Beleuchtung installiert. Glühlampen hinter festem Maschenkorb aus Metall. Sie tauchen das Innere dieses Gefängnisses in trübes Licht.

Der unerträgliche Gestank und die stickige, sauerstoffarme Luft hier drin, die ständigen Rufe und das Schimpfen der Posten auf den Gleisanlagen, das andauernde Hundegebell und die Stöße von den Güterwagen spannen unsere Nerven bis aufs äußerste an.

Draußen wird nun waggonweise gezählt. Dabei öffnen sie nicht einmal mehr die Türen. Man weiß offensichtlich, wieviele hier zusammengepfercht sind. In unserem Waggon sind es 35 Mann. Stunden vergehen, bis es merklich ruhiger wird. Solange dauert es auch, bis der Transport vollzählig und abfahrbereit ist. Die Frühjahrssonne brennt unerbittlich auf die Waggondächer; unbeschreibliche Hitze macht sich in unserem Wagen breit. Sie verschlechtert zusehends unsere Lage. Jetzt wird überall nach Wasser gerufen. Doch einen ganzen Tag über tut sich gar nichts. Erst am Abend öffnet man die Tür und stellt einen Kübel herein. Dazu gibt es drei Becher aus Aluminiumblech. Alle stürzen sich darauf, aber mehr als drei auf einmal können eben nicht trinken. Dünner Tee ist in dem Bottich. Nichts weiter gibt es dazu, kein Brot, nichts.

In unserem Waggon hat sich ein älterer und wie es scheint erfahrener Mann durchgesetzt. Er mahnt zur Vernunft, fordert, mit dem Tee sorgsam umzugehen. Das scheinen auch wirklich alle zu begreifen. Jeder trinkt erst einmal einen kleinen Schluck, reihum, dann noch einmal. Eine Reserve muß unbedingt übrig bleiben. Das sehen wir ein.

Herrmann, so heißt unser Waggonältester, hat Lagererfahrung. 1943 bei Stalingrad in Gefangenschaft geraten, wurde er 1947 entlassen und hatte nach seiner Rückkehr in Magdeburg bei der Reichsbahn Arbeit als Rangierer gefunden. Er ist Schlosser von Beruf und arbeitete früher bei Pintsch in

Peter Bordihn bei einem Ortstermin im März 1990 vor seiner ehemaligen Zelle im Internierungslager Sachsenhausen

Fürstenwalde. Als eines Tages auf dem Verschiebebahnhof Diebstähle in Waggons entdeckt wurden, bezichtigte ihn jemand der Rädelsführerschaft. Da es sich um russische Waggons handelte, wurde er mit anderen zusammen wegen Diebstahls an militärischem Eigentum angeklagt und zu 15 Jahren Straflager verurteilt. Herrmann stand vor einem richtigen Militärtribunal und wurde rechtskräftig verurteilt. Einen Verteidiger gab es aber auch für ihn nicht, seine Angehörigen sind ebenfalls nicht benachrichtigt worden.

Er ist im Moment der Einzige im Waggon, der die Männer beruhigen kann. Sachlich gibt er Verhaltensregeln zum Überleben in den nächsten Tagen oder auch Wochen. Wir wissen ja nicht einmal, wie lange wir unterwegs sein werden und wohin wir kommen.

Abtransport in die Sowjetunion

Kurz vor Einbruch der Nacht bekommen wir eine erste Ration Brot. Es sind ungefähr 300 Gramm für jeden von uns. Das ist wenig, aber da ich nicht weiß, wann wir das nächste Mal verpflegt werden, hebe ich ein Stück auf. Endlich rollt der Zug an. Das dröhnende Rattern der Waggons läßt uns lange nicht zur Ruhe kommen. Trotzdem versucht jeder, irgendwie zu schlafen. Plötzlich hält der Zug. Verschlafen fahre ich hoch und schaue mich um. Keiner weiß, wo wir sind, ob es Tag ist oder Nacht. Stimmengewirr wird laut. Die Schiebetür öffnet sich, ein Posten springt herein, scheucht uns von den Pritschen und auf die andere Seite des Waggons. Dabei zählt er alle Häftlinge genau. Ein Blick durch die offene Tür zeigt uns, daß es Nacht ist. Schon springt der Soldat wieder aus dem Waggon und verriegelt die Tür. Wenig später hören wir deutsche Worte. Sie kommen von Eisenbahnern, die an den Wagen entlanglaufen und an die Räder klopfen. Unglaublich, daß die Russen Deutsche an den Zug lassen. Als er sich wieder in Bewegung setzt, kommen wir zur Ruhe und schlafen ein. Bis ein lautes Kommandowort uns erneut auf die Beine jagt. Wieder zählt ein Soldat. Diesmal ist draußen heller Tag, die Sonne scheint herrlich. Keiner spricht es aus, aber jedem von uns bringt dieser Blick auf den Frühling die eigene furchtbare Lage schlagartig ins Bewußtsein. Es gibt Tee, Brot und eine dünne Suppe mit Möhrenstückchen. Wir essen sie aus Aluminiumschüsseln, die anschließend wieder eingesammelt werden.

Herrmann erzählt uns von seinen bisherigen Stationen. Nach der Verhaftung war er kurze Zeit in Halle, im „Roten Ochsen". Das ist ein alter Gefängnisbau, der von den Russen nach dem Krieg als Haftanstalt übernommen wurde. Dort traf er einen Kameraden aus Schmachtenhagen, einer Ortschaft in der Nähe von Sachsenhausen. Der wußte schon einiges über Transporte Strafgefangener von diesem Lager in die Sowjetunion.

Die Deportation politischer Häftlinge aus der Sowjetischen Besatzungszone Deutschlands in die UdSSR wurde in den ersten Nachkriegsjahren gewöhnlich in schwerbewachten Güter- oder Viehwaggons durchgeführt. In jedem dieser Züge – so wußte er zu berichten – seien etwa 1000 Menschen, unter ihnen auch Frauen. In der Mitte dieses Zuges befänden sich Personenwagen für die Begleitkommandos. Ein Funkwagen sei auch dabei, mit einer riesigen Antennenanlage ausgerüstet.

Herrmanns Bekannter hatte außerdem beobachtet, daß an jedem Gefangenenwaggon außen das sogenannte „Bremserhäuschen" mit schwerbewaffneten Posten besetzt war. Zusätzlich seien die Wagen alle mit großen Scheinwerfern ausgestattet, die nachts am ganzen Zug entlangleuchteten. Alle Transporte dieser Art würden die Sowjetische Besatzungszone über Frankfurt-Oder verlassen und durch Polen nach Brest-Litowsk fahren.

Einer aus unserer Mitte meldet sich zu Wort. Er kann Herrmanns Worte bestätigen. Frantek ist 31 Jahre und stammt als gebürtiger Slowake aus Brünn. Wegen aktiver Spionage wurde Frantek zu lebenslanger Haft verurteilt. Diese Strecke ist er schon einmal, im Herbst 1948, gefahren. In einem ähnlichen Transport, unter gleichen Bedingungen. Damals kam er bis Brest, dort wurde er ausgesondert und kam für einige Tage in ein Gefängnis. Unter strenger Bewachung ist er dann mit einem Militärflugzeug wieder in die Sowjetische Besatzungszone nach Potsdam zurückgebracht worden. Im Untersuchungsgefängnis in der Lindenstraße, von den Häftlingen auch sarkastisch „Lindenhotel" genannt, wurde er für Gegenüberstellungen benötigt. Hinterher kam er wieder nach Sachsenhausen in den Zellenbau, und ist nun erneut auf Transport nach Osten.

Frantek selbst macht keinen Hehl aus seiner Spionagetätigkeit und bekennt sich uns gegenüber dazu. Bei all den vielen Männern, die hier der Spionage bezichtigt werden, ist das der erste „echte", den ich zu Gesicht bekomme.

Er berichtet, daß in seinem ersten Transport auch viele Frauen dabeigewesen seien. Unter gleichen Bedingungen wie die Männer, in ebensolchen Waggons.

Frantek ist nicht der einzige Ausländer. Im Zug sind auch Österreicher, Polen, Ungarn und Rumänen. Das Prinzip der Zusammenstellung ist unklar, wie so vieles unter diesen Verhältnissen. Alle, bis auf Herrmann, wurden durch Moskauer Sondergerichte verurteilt. Ihre Strafen reichen von 10 Jahren bis zu lebenslänglicher Haft. Einer ist unter uns, der wegen angeblicher Militär- und Wirtschaftsspionage zunächst zum Tode verurteilt, dann aber zu lebenslänglicher Haft begnadigt worden ist.

Erstaunlich, wie schnell man sich unter diesen Bedingungen immer wieder an neue, fremde Menschen gewöhnen kann. Offensichtlich haben die gemeinsamen Schicksale einen großen Anteil daran. Die Häftlinge kommen aus den unterschiedlichsten Berufen. Arbeiter, Angestellte, Wissenschaftler, auch ein Hochschullehrer ist im Waggon. Der überwiegende Teil hat mit den ihm zur Last gelegten Verbrechen nicht das geringste zu tun. Die Willkür gegen Andersdenkende und Systemkritiker scheint keine Grenzen zu kennen. Herbert, der Hochschullehrer aus Leipzig, weiß vom perfekten Funktionieren des Überwachungsapparates in der Sowjetischen Besatzungszone zu berichten. Er ist Jurist und Liberaldemokrat seit Gründung dieser Partei. Den NKGB/KGB – Apparat kennt er aus seiner beruflichen Praxis. Die sowjetischen Sicherheitsoffiziere führten Ermittlungs- und Untersuchungsverfahren sowohl gegen ehemalige führende Nationalsozialisten als auch gegenüber Oppositionellen, Regimegegnern und sogenannten Klassenfeinden. Seiner Ansicht nach handeln die Untersuchungsführer weitgehend eigenständig und selbstverantwortlich. Sie üben großen Einfluß auf Verlauf und Ergebnisse politischer Strafverfahren aus, nehmen teilweise Gerichtsentscheidungen vorweg und degradieren Urteile zu einer Formsache.

Aufmerksam hören alle den Worten von Herbert zu. Wahrscheinlich haben seine Kenntnisse um die Zusammenhänge dieses Systems zu seiner Verhaftung und Verurteilung geführt. Diesen Verdacht spreche ich offen aus. Herbert stimmt mir zu und berichet weiter. Die Festnahmetaktiken sind sehr unterschiedlich. Sie reichen von herkömmlichen Formen bis zu konspirativem, ja abenteuerlichem Vorgehen. Dazu nutzte man auch Razzien und Kontrollen, wie sie nach dem Krieg gang und gäbe waren. Es herrschte weitgehende Willkür. So wurden nicht selten angeblich Verdächtige einfach bei einer Behörde vorgeladen und dort festgenommen, ohne jede Untersuchung. Ihre Angehörigen werden niemals informiert. Sogar Abgeordnete von Länderregierungen der Ost- und Westzonen Deutschlands wurden verhaftet. Ihre parlamentarische Immunität ist durch die sowjetischen Sicherheitsorgane niemals respektiert worden. Selbst Menschenraub in Westberlin und in den Westzonen wird praktiziert. Mit List und Gewalt bemächtigt sich das MGB politisch mißliebiger Personen, verschleppt sie rechtswidrig in die Sowjetische Besatzungszone und deportiert sie später zur Strafverbüßung in die UdSSR.

Herbert kennt ein Beispiel dieser Art. Der Westberliner Journalist Dieter F. eilte im November 1947 über die Sektorengrenze nach Ostberlin. Es war vorgetäuscht worden, einer seiner Bekannten sei im Sowjetsektor verunglückt und verlange nach ihm. In der Praxis eines angeblichen Arztes wurde er dann von sowjetischen Sicherheitsoffizieren verhaftet. Ihm widerfuhr das gleiche Schicksal wie uns: Ein Ferngericht verurteilte ihn zu 10 Jahren Zwangsarbeit.

Mit Gesprächen über unsere Vergangenheit versuchen wir die endlos scheinenden Stunden zu verkürzen, die nur durch regelmäßige Zählungen und die kärglichen Verpflegungsaktionen unterbrochen werden. An die Zukunft wagt keiner zu denken.

Da jedoch erzählt uns Frantek, er könne Schicksale aus der Hand lesen. In unserer Lage ein fast makabres Unternehmen. Trotzdem halten ihm alle ihre Hände hin. Sogar ich, dabei hätte ich in einer anderen Situation darüber gelacht. Frantek sagt mir ein langes Leben voraus und viele Kinder. Als ich müde und skeptisch abwinke, schwört er auf seine „Wissenschaft". Mir fällt es schwer, an sie zu glauben; in diesem stinkenden, dunklen Gefängnis, auf dem Weg in die Ungewißheit.

Zwei Tage sind wir nun schon unterwegs. Eine unerträgliche Hitze im Wageninneren macht die Fahrt zur Qual. Zu trinken gibt es nur wenig. Es reicht gerade, um die Lippen und den Mund zu befeuchten. Die Nächte bringen zwar Abkühlung, aber keine frische Luft. Die ganze Zeit im Zug plagt uns Ungeziefer, das wir schon aus dem Lager mitgebracht haben. Hunderte Flöhe sind im Waggon. Uns kommt es vor, als würden sie bei der Hitze immer aggressiver. Wir sind völlig zerstochen, manche Einstiche beginnen zu eitern. Hilfe dagegen gibt es nicht. Es ist zum Verzweifeln, dazu der Hunger und ständiger Durst.

Trotzdem – oder vielleicht gerade deshalb – richten wir uns gegenseitig auf. Die größte Rolle dabei spielen die Älteren. Sie sind es, die uns Jüngeren immer wieder Mut zusprechen, wenn wir nicht mehr ein noch aus wissen: „Wir haben diesen furchtbaren Krieg und die Gefangenschaft überlebt, also werden wir auch das überstehen!" Natürlich wissen auch sie nicht, was uns erwartet. Nur eins ist gewiß: es werden harte Zeiten.

Am Morgen des dritten Tages müssen wir aussteigen. Aus den hohen Wagen herausspringen. Kaum einer übersteht das ohne einen heftigen

Sturz auf den harten Boden zwischen den Gleisen. Schmerzhafte Prellungen sind die Folge. Wir sind zu schwach, um uns auf den Beinen halten zu können. Doch alle stehen wieder auf und treten auf Befehl in Reih und Glied an. Vorsichtig gehen die Blicke in die Runde. Auf einem anderen Gleis gegenüber entdecke ich noch einen Transportzug. Jemand in meiner Reihe sagt leise: „Wir sind in Brest-Litowsk, das ist die Umstellung auf russische Spurbreite.“ Es ist Frantek, und der muß es wissen, kennt er doch den Bahnhof von seinem ersten Transport.

Wieder werden wir genau gezählt, dann geht es gruppenweise zu diesem anderen Zug. Nun sehe auch ich ihn genauer an. Jawohl, in der Mitte fahren Personenwagen, darunter einer mit weit ausladenden Antennen auf dem Dach. Beim Einsteigen gibt es keine Leitern. Mühsam quälen wir uns zwei Meter nach oben – in die Waggons hinein. Drinnen die gleich Ausstattung. Der Wagen wird verschlossen und verriegelt. Die Fahrt geht nach Stunden weiter.

Am nächsten Tag machen wir Station. Erneut der Befehl zum Aussteigen. Auf einem Bahnhofsschild steht: Orscha. Wir sind in der Belorussischen SSR.

Nach dem Abzählen geht es unter schwerer Bewachung auf einen Fußmarsch. Außerhalb der Bahnanlagen stehen viele Menschen am Straßenrand. Fluchend strecken sie uns die Fäuste entgegen. Ich verstehe deutlich Worte, wie „Faschist“ und „Hitler kaputt“. Dazu unmißverständliche Gesten: Man möchte uns am liebsten den Hals umdrehen. Mir fährt der Schreck in die Glieder. So starken Haß habe ich nicht vermutet, zumal gegen Zivilisten.

Der Marsch durch die fast völlig zerstörte Stadt wird zu einem Martyrium für uns alle. Ich glaube, hier kann man nie auf Verständnis hoffen. Die Zukunft für uns deutsche Strafgefangene erscheint mir immer düsterer. Ist denn unter diesen Bedingungen ein Überleben überhaupt möglich? Bedrückendes Schweigen ist in unseren Reihen. Da endlich taucht vor uns der Gefängnisbau auf. Er scheint fast das einzige unzerstörte Gebäude dieser Stadt. Ironie der Geschichte. Wir werden in den großen Hof getrieben; es entsteht ein wildes Durcheinander. Plötzlich sind auch unbewaffnete Soldaten zwischen uns. Erst ein Befehl stellt wieder Ruhe und Ordnung her. Der kommt von einem Offizier, in gutem Deutsch und über ein Megaphon. Wir müssen uns wieder in der gewohnten Marschordnung zusammenfinden. Dennoch ist die Aufregung in dem Menschenhaufen kaum noch zu bezwingen. Langsam formieren sich Gruppen. Schließlich kommen wir 35 wieder in eine große Zelle in der zweiten Etage. Endlich erhalten wir auch Verpflegung: Es gibt Brot und warmen Tee. Nach Stunden dürfen wir unter die Dusche und zum Friseur. Sogar frische Unterwäsche wird ausgegeben. Sie ist gekennzeichnet mit den Buchstaben: MWD, Ministerium für Innere Angelegenheiten. Nun haben wir es also schwarz auf blauem Unterhemd, in wessen Händen wir uns befinden.

Nach der Verpflegung am nächsten Morgen läßt man uns zellenweise auf den Hof. Draußen bemerken wir, daß die Ordnung hier nicht ganz so ernst genommen wird. Wir können ohne Probleme miteinander reden. Das war in den bisherigen Gefängnissen bei Rundgängen streng verboten.

Am zweiten Tag nach unserer Ankunft in Orscha werden wir in andere Zellen verlegt. Scheinbar wahllos, aber man reißt uns auseinander. Ich finde mich dennoch inmitten vieler alter Gefährten wieder. Besonders freue ich mich, Herrmann und Herbert in der Zelle zu haben. Sie geben mir Sicherheit. Ihr Rat hat bisher schon oft geholfen. Jetzt ist auch Walter wieder da, der Kamerad aus Sachsenhausen und Lichtenberg. Aber noch scheinen wir nicht komplett zu sein. Immer wieder öffnet sich die Tür. Bei zwei Neuankömmlingen ist Walter außer sich vor Wut. Den einen kenne ich schon vom Appellplatz, der andere ist mir unbekannt.

Walter läuft zur Tür und schlägt dagegen. Es vergeht eine ganze Weile, ehe sich ein Posten sehen läßt. Walter will den Diensthabenden sprechen, der Posten zuckt mit den Schultern. Als er dennoch keine Ruhe gibt, immer lauter wird, muß der Soldat etwas unternehmen. Die Situation wird auch in der Zelle immer gespannter. Walter schreit die beiden an: „Ihr Verbrecher, ihr habt mich hier reingebracht!“

Ich begreife. Sie waren es, die ihn denunziert hatten.

Der Diensthabende erscheint und nimmt Walter mit. Als er wiederkommt, werden die beiden sofort aus der Zelle entfernt. Jetzt muß Walter auch den anderen alles erzählen. Sie verstehen es. Einer sagt: „Die würde ich bei der erstbesten Gelegenheit umbringen ...“

Einige wissen schon, was uns in den Straflagern erwartet. Es sind ehemalige Kriegsgefangene. Sie scheinen überhaupt mit der Situation besser fertig zu werden. Erstaunlich, was sie sich einfallen lassen. Spielkarten im Kleinformat, Schachfiguren aus Brotrationen. Alles heimlich, versteht sich, denn das Spielen ist nicht gestattet. Es sind sogar welche unter uns, die Nadel und Faden haben. Das ist eine Rarität unter den Gefangenen.

Die Bedingungen in der Zelle sind genauso furchtbar, wie überall bisher. Am schlimmsten ist für mich der stinkende Abortkübel, auf dem 35 Mann ihre Notdurft verrichten. In der Zelle ist er Tag und Nacht besetzt. Daran kann ich mich einfach nicht gewöhnen.

Nach etwa drei Wochen Aufenthalt in Orscha geht es wieder auf Transport. Manche meinen, die Fahrt ginge diesmal nach Sibirien. Unter strenger Bewachung marschieren wir wieder durch die Stadt. In Viehwaggons mit eingebauten Pritschen geht es in Richtung Osten. Durch Ritzen in der Wagenwand erkennen wir manchmal Bahnanlagen, lesen Stationsschilder. In Smolensk halten wir einige Stunden, der Aufenthalt bei Moskau dauert zwei Tage. Bisher wissen wir noch immer nicht, wohin sie uns bringen. Als die Weiterfahrt dann über Gorki führt, wird uns klar, daß es nordwärts geht. Uchta ist die nächste Station, im Gebiet des Flusses Petschora gelegen.

Strafgefangener in Workuta

In mehreren Wochen bringen wir etwa dreitausend Kilometer hinter uns. Obwohl erst Ende August, wird es von Tag zu Tag kälter. Der Norden nimmt uns in Empfang. Anfang September haben wir den Zielpunkt unserer Reise erreicht. Wir verlassen die Waggons bei schneidendem Wind, Schnee und klirrendem Frost. Das Stationsschild kündigt uns Workuta an. Auf den ersten Blick erscheint es mir unglaublich, daß ein Mitteleuropäer hier überleben, geschweige denn arbeiten kann.

Nach einem langen Fußmarsch kommen wir in die Barackenlager. Etwa 20 Holzhäuser sind in einem großen Viereck angeordnet; eines ist immer mit ungefähr 70 Männern belegt. Das sind genau zwei Transportgruppen. Auf den Doppelstockpritschen, die paarweise stehen, liegen nur Strohsäcke.

Ein Befehl ruft uns in die Barackenmitte. Dort steht ein Wachsoldat in blauer Uniformmütze mit rotem Rand. Wir verstehen keines seiner Worte, es findet sich auch niemand von uns bereit, zu dolmetschen. Mit einer ärgerlichen Geste bedeutet er uns, ihm zu folgen, zu einer der Baracken inmitten des Lagers.

Aus ihr dringt wohlige Wärme – und der Geruch von Essen. Vier lange Tische stehen im Raum, an ihrer Seite durchgehende Bänke. Es ist wohl der Duft nach Mittagessen, der Unruhe und Gedränge entstehen läßt. Nach all den Hungermonaten ist das kein Wunder. An der Ausgabe will jeder der Erste sein. Und wieder bringt unser ehemaliger Waggonältester Ruhe in den wilden Haufen. Jeder bekommt eine Schüssel mit Kohlsuppe, in der sogar einige Fleischstückchen schwimmen. Dazu ein kleines Stück Brot. Anschließend gibt es noch Brei aus einem Getreide, das wir nicht kennen. Nach dem ersten Löffel schmeckt es wie Graupen. Die Portionen sind nicht groß, aber wir werden satt.

Nach dem Essen erhält jeder von uns noch eine Decke, die entsetzlich nach Desinfektionsmittel stinkt. Nun endlich habe ich wirklich das Gefühl, angekommen zu sein.

In der Baracke ist es Herrmann, der einen vernünftigen Vorschlag macht: die Älteren sollen die Pritschen unten erhalten. Wir akzeptieren. Satt und etwas ruhiger beginne ich, mich für unsere Umgebung zu interessieren. Das erste was mir auffällt ist, daß es wohl auch am Tage nie ganz hell zu werden scheint. Eine genaue Uhrzeit allerdings weiß keiner von uns. So gehe ich nach draußen und sehe mich im Lager um.

Es ist das erste mal seit Monaten, daß ich frei und ohne Bewachung durch eine Tür gehen kann. Was für ein Gefühl! Aber ein Blick rundherum dämpft sofort wieder alles. Im Dämmerlicht dieses trüben Polartages erkenne ich zwei Wachtürme, sieben oder acht Meter hoch. Sie sind rundum offen und mit Posten besetzt. Von dort oben haben sie einen Überblick über das gesamte Lager. Soviel steht fest, der ganze Transport aus Orscha ist hierher gebracht worden. Wahrscheinlich sind alle Baracken belegt.

Plötzlich steht ein Soldat in der Tür: Prowerka, Zählung. Wieder entsteht Durcheinander, Namen werden aufgerufen, die es in unseren Reihen überhaupt nicht gibt, andere dagegen stehen nicht auf der Liste. Das ganze dauert Stunden, ehe man sich einen Überblick über die Gesamtstärke verschafft hat. Müde krieche ich auf die Pritsche nach oben, finde lange keinen Schlaf. Mir gehen Ruth, Olaf und die Eltern durch den Kopf. Hoffentlich kann ich von hier aus endlich schreiben; in Sachsenhausen wurde es uns versprochen.

Der nächste Tag beginnt mit der Morgenzählung. Das Durcheinander des Vorabends wiederholt sich. Stunden vergehen, ehe der Appell beendet ist. Ein Offizier macht uns klar, daß wir einen Ältesten wählen müssen. Herrmann geht nach vorn, er wird der Vertreter unserer Gruppe sein. Allerdings sind auch seine Russischkenntnisse nicht besonders gut. So muß sich der Offizier weiter selbst helfen: „Doktor kommen!".

Diese Untersuchung findet wenig später in einer Baracke statt, die notdürftig mit ärztlichem Mobilar und Geräten ausgestattet ist. Eine Militärärztin horcht mit einem Hörrohr aus Holz in mich hinein. Ich werde abgeklopft – das wars. Ein Ergebnis erfahre ich sowieso nicht. Es geht mich wohl nichts an. Auf diese Art und Weise wird die ganze Gruppe untersucht.

Wieder in der Baracke, machen wir gründlich sauber; der Fußboden wird geschrubbt und die Pritschen werden abgewaschen. Wasser ist ausreichend vorhanden. Wir müssen es aus einer zentralen Entnahmestelle vor einer anderen Baracke holen. Dieser Tag vergeht ruhig, mit Gesprächen.

Kameraden aus anderen Gruppen kommen hinzu. Ich bin überrascht, wieviele hochgebildete Leute unter uns sind: Lehrer, Historiker, mehrere Ärzte, ein Sinologe.

Für die nächste Zeit ist diese Peresylka, das Durchgangslager, unser vorläufiger Aufenthaltsort. Keiner weiß, wie lange wir hier sein werden. Soviel ist aber klar, in unserer Gruppe werden wir nicht zusammenbleiben. Die Alterunterschiede sind sehr groß und auch die körperlichen Voraussetzungen sind nicht bei allen gleich.

An einem der letzten Septembertage des Jahres 1949 werde ich aus der Baracke geholt und klettere mit elf anderen auf einen uralten LKW. Zwei bewaffnete Soldaten setzen sich zu uns auf die Ladefläche. Eiskalter Wind pfeift uns um die Ohren. Die alten Pelzmützen, die uns zuvor verpaßt worden waren, sind kaum ein Schutz gegen die eisige Kälte. Einer der beiden Posten sagt etwas in Russisch. Wir verstehen kein Wort. Sicher will er uns darüber belehren, wie wir uns während des Transportes zu verhalten haben. Unzweideutig zeigt er auf seine Waffe.

Name: 1-R-133

Nach ungefähr einer Stunde fahren wir durch ein Lagertor. Gleich dahinter erheben sich riesige Aufschüttungen, aus denen Rauch aufsteigt. Starr vor Frost klettern wir von der Ladefläche. Dann treibt uns der Posten vorwärts zu einer großen Baracke. Hier tauen wir langsam wieder auf. Ein Fußmarsch schließt sich an und nach zehn Minuten haben wir wieder ein Lagertor vor uns. Eine weitere Kontrolle, dann dürfen wir passieren. Die Soldaten bringen uns in die Kommandantur.

Jetzt wird jeder einzeln aufgerufen. Mich erwartet ein Hauptmann, an seiner Seite ein Zivilist, wahrscheinlich ein Dolmetscher. Nachdem die Personalien überprüft sind, fragt er mich:

„Wie fühlen Sie sich?"

„Schlecht."

„In welcher Beziehung?"

„Ich habe seit elf Monaten nie genug zu essen bekommen. Eine Körperpflege war nicht möglich, ich bin von Ungeziefer total zerstochen."

„So, so. Und haben Sie als Strafgefangener und Verbrecher etwas anderes erwartet?"

„Allerdings. Ich habe angenommen, im Strafvollzug eines sozialistischen Landes gerechter und menschenwürdiger behandelt zu werden."

„Was wollen Sie eigentlich, Sie leben doch noch? Die Faschisten aber haben Milionen Gefangener umgebracht und in Konzentrationslagern verhungern lassen."

Ich antworte ihm nicht mehr. Nun wird mir klargemacht, daß ich meine Strafzeit im Schacht abzuleisten habe. Kommentarlos nehme ich das zur Kenntnis. Was kann ich schon daran ändern? Mit einem anderen Kameraden werde ich der neunten Abteilung im achten Schacht zugeteilt.

Ein Fremder nimmt uns in Empfang. Er stammt aus Kaunas, der Hauptstadt des ehemaligen Litauen, und spricht gut Deutsch. Jonas, ein Mann Mitte 40, ist der Sawchos, wie die Russen sagen, der Barackenälteste. Von der Kommandantur aus stapfen wir mit ihm durch den Schnee, unserer künftigen Behausung entgegen.

Die Baracke, ein niedriger, rechteckiger Kasten, mit der Eingangstür an der Stirnseite, gleicht denen der Peresylka. Auch hier nichts als Strohsäcke auf den Pritschen. In der Mitte des Raumes stehen Vierertische, davor Hokker aus Holz. Jonas bittet uns Neuankömmlinge an einen Tisch und weist uns ein; in den Tagesablauf, die Arbeit, die Lagerrealität.

Um uns ist nichts als endlose Tundra, die schon jetzt – im September – mit meterhohem Schnee bedeckt ist. Im Sommer, also insgesamt nur anderthalb Monate, wächst nichts als Moos und Gras. Davon ernähren sich die Rentierherden der hier lebenden Komi. Unser Barackenältester nennt diese trostlose Gegend „Heimat des weißen Todes".

Workuta liegt im Nordostzipfel des europäischen Teils Rußlands, etwa fünftausend Kilometer von Berlin entfernt. Die Karasee, eine der kältesten Regionen der Erde, liegt nur zweihundert Kilometer weiter nördlich. Zehn Monate des Jahres ist der Polarkreis unter Schnee begraben. Das Thermometer zeigt während dieser Periode bis zu 70 Grad unter Null an. Unvorstellbar für uns. In Jonas' Bericht fallen noch andere Namen von Straflagerbezirken: Inta, Kamtschatka, Karaganda, Kolyma, Norilsk, Potma und Suchobeswodnoje. Die Mehrheit der Strafgefangenen wird aber offenbar hierher gebracht. Der Lagerbezirk hat seinen Namen nach der Stadt Workuta erhalten. Es gibt auch einen gleichnamigen Fluß, der liegt im Nordosten der Komi-ASSR.

Rings um Workuta sollen sich im Umkreis von 40 Kilometern etwa 30 bis 35 Straflager befinden. Noch weitere liegen außerhalb dieses Bezirkes. Sie sind in Lager für politische Häftlinge (Regime-Lager) und in solche für kriminelle Straftäter getrennt. Jonas weiß viel aus der Geschichte dieser Region. Schon acht Jahre arbeitet und lebt er in dieser Hölle. Die eigentliche Besiedlung hat mit der Entdeckung riesiger Steinkohlelager begonnen. Zu ihrer Ausbeutung wollte man schon in der Zarenzeit Verbannte und Sträflinge hierherschicken. Als aber Zar Nikolaus II. hörte, daß in dieser Gegend keine Bäume wachsen, nur wadenhohe Tundrapflanzen, daß der letzte Schnee im Juni fällt und der erste schon wieder im September, daß die Sonne im Sommer nicht untergeht und zu Weihnachten nicht auf, verbot er dieses Vorhaben. Erst Stalin erschloß diese Polarzone für seine Strafjustiz.

Nach der Teilung Polens – zwischen dem Deutschen Reich Hitlers und der Sowjetunion – wurde auf Befehl Stalins eine Eisenbahnverbindung zwischen Kotlas und Workuta hergestellt. Die Strecke ist zu großen Teilen durch polnische Kriegsgefangene gebaut worden. Es heißt, unter jeder Eisenbahnschwelle liege ein Pole. Es gab für die Gefangenen keine festen Unterkünfte, man zwang sie, im tiefsten Winter in Zelten zu schlafen. Das Wachpersonal hatte Holzhütten.

Die heutigen Lager sind alle in der unmittelbaren Nähe der Steinkohleschächte angesiedelt. Wir erfahren durch unseren Sawchos, daß die Häftlinge hier nicht nur unter Tage arbeiten. In den zur Kohleförderung wichtigen Nebenbetrieben, wie den Ziegeleien und Zementwerken, Kraftwerken und Reparaturbetrieben, beim Holztransport in Baukommandos sind weitere Strafgefangene tätig. Wieviele Häftlinge im gesamten Revier leben, weiß keiner genau. Schätzungen zufolge sollen es derzeit etwa 150 000 Menschen sein.

In unserem Lager, dem Schacht 8, leben momentan etwa 4500 Verurteilte. Langjährige Häftlinge wissen zu berichten, daß die Zustände der ersten Straflager in Workuta wesentlich grauenvoller und chaotischer waren. So mußten die im Schacht unter Tage arbeitenden Sträflinge auch im Lager ihre tägliche Arbeitskleidung tragen, neue Wäsche zum Wechseln gab es nicht.

Jetzt befindet sich im hinteren Teil der Baracke eine Art Waschraum. In Augenhöhe ist ein etwa zwei Meter langes Gefäß angebracht, das am Boden mit konischen Zapfen verschlossen ist. Stößt man den Stöpsel von unten an, dann läuft das Wasser zum Waschen heraus. Eine einfache, aber doch wirkungsvolle Methode. So etwas war hier noch vor einigen Jahren unbekannt.

Auch die teilweise Trennung der Lager in solche für politische und solche für kriminelle Häftlinge ist erst nach Kriegsende eingeführt worden.

Jonas hat erlebt, daß zeitweilig auch deutsche Kriegsgefangene hier in Workuta waren.

Unser Gespräch wird durch die abendliche Zählung unterbrochen. Um 19 Uhr ertönt das Signal; ein Häftling schlägt mit einem Hammer an ein aufgehängtes Stück Eisenbahnschiene. Ab jetzt hat jeder an seinem Platz in der Wohnbaracke zu sein. Der Raum füllt sich mehr und mehr. Ich höre um mich herum verschiedene Sprachen. Workuta ist ein wahrhaft internationales Lager.

Jonas hat uns in drei Reihen in der Barackenmitte antreten lassen. Der Posten, ein Sergeant, ruft laut und deutlich Namen auf. Jeder Genannte hat auf die andere Barackenseite zu treten. Zum Schluß bleiben nur wir Neuen übrig. Jonas meldet den Zugang. Der Sergeant schreibt unsere Namen auf und verläßt die Baracke.

Jetzt müssen wir warten, bis das Abbruchsignal für die Zählung ertönt. Vorher darf keiner die Baracke verlassen. Solche Zählungen können mitunter stundenlang dauern. Die Zahl der Häftlinge im Lager muß sich mit der zur Arbeit ausgerückten zur gültigen Gesamtzahl ergänzen. Da im Schacht in zwei Schichten gearbeitet wird, sind immer Kumpel in der Baracke.

Nach der Prowerka geht es sofort in den Speiseraum zum Essen. Die von der Arbeit Heimkehrenden kommen direkt aus dem Schacht dorthin. Sie werden zuerst verpflegt. Das ist nicht einfach. Alle in unserer Baracke arbeiten im Schacht unter und über Tage. Selbstverständlich erbringt nicht jeder die gleiche Arbeitsleistung. Die unterschiedliche Erfüllung der vorgegebenen Normen aber bestimmt den Verpflegungssatz jedes Strafgefangenen. Es gibt hier die Kessel 1 bis 6, so nennen sich die Kategorien. Ebenso viele Schalter sind auch im Speiseraum vorhanden. Der Sawchos jeder Baracke weiß, welchen Kessel sich jeder einzelne an den Tagen zuvor erarbeitet hat; dementsprechend verteilt er vor Schichtbeginn die Brotrationen. Sie reichen von 300 Gramm bei Kessel 1 bis zu einem Kilogramm für den 6. Kessel. Unterschiede gibt es auch bei der warmen Verpflegung. Grundsätzlich erhält jeder zwei Mahlzeiten am Tag. Morgens gibt es die Portion Schwarzbrot, dazu als Minimum zwei Kellen gekochte Grütze, Kascha, und einen Napf Suppe. Zwölf Stunden später – je nach Schicht – Abendbrot bzw. Frühstück. Wieder sind es Kascha und Suppe. Für die Grütze steht jedem eine kleine Ration Sonnenblumenöl zu – ein Näpfchen in Fingerhutgröße. Dazu entweder ein Stück Fisch oder Rentierfleisch. Manchmal sogar ein Roggenbrötchen. Ein russischer Arzt soll errechnet haben, daß man bei dieser Verpflegung 1400 Kalorien zu sich nimmt. Das ist die Hälfte von

Komi-Nomaden in der Tundra rings um Workuta; Rentierschlitten auf der Hauptstraße von Workuta

dem, was ein Büroangestellter benötigt. Nach den Schichtarbeitern erhalten wir unsere Portionen. Sie sind klein und machen nicht satt.

Wieder in unserer Unterkunft, bekommt jeder noch eine Decke. Auch hier brennt das Licht die ganze Nacht über. Dieser Zustand begleitet mich über Jahre.

Morgens um vier wird die erste Schicht geweckt. Ich stehe auf, obwohl noch keine Arbeit auf mich wartet. Jonas ist mit seinen beiden Gehilfen schon unterwegs, um die Brotration in Empfang zu nehmen. Mit einem großen Tragekasten, der an beiden Enden jeweils zwei Griffe hat, müssen sie in die Stolowaja, den Speisesaal. Der Sawchos und seine zwei Helfer sind in unserer Baracke für die innere Ordnung, Sauberkeit, den Appell und überhaupt alles verantwortlich. Das ist ihre Arbeit. Früher waren auch sie unter Tage, aber die vielen Jahre unter schwersten Bedingungen haben ihre Gesundheit zerstört. Auch der Dienst in der Unterkunft ist nicht leicht. Sie sind fast immer auf den Beinen.

Nach dem Frühstück werden wir Neuen eingekleidet. Wir erhalten Wintersachen, Unterwäsche und ein Hemd zum Überziehen. Zur kompletten Ausstattung gehören noch eine Wattehose, eine kurze und eine lange Wattejacke, eine Pelzmütze und ein Paar halbhohe Lederstiefel. Auch Fausthandschuhe bekommen wir als Schutz gegen die große Kälte.

In der Unterkunft empfängt uns einer der Barackenhelfer mit der Mitteilung, wir sollen erneut zu einer ärztlichen Untersuchung kommen. Die Arztstation befindet sich in unmittelbarer Nähe des Speiseraumes, ihre Chefin ist eine Militärärztin im Majorsrang. Die Untersuchung ist diesmal gründlicher. Sogar mein Blutdruck wird gemessen. Seine Werte scheinen sie nicht zu befriedigen. Dennoch wird kein einziges Wort mit mir gesprochen. Es ist, als untersucht man einen toten Gegenstand.

Auf dem Rückweg in die Baracke unterhalte ich mich mit dem deutschen Gehilfen. Auch ihn frage ich nach seinem Schicksal. Wie hat es den alten Mann hierherverschlagen? Was ich dann höre, läßt mich wieder an die Worte von Arkadi und Kolja denken.

Otto ist Kommunist; er gehörte zum engsten Kreis um Ernst Thälmann. Gemeinsam mit einigen anderen Freunden rettete er sich vor dem Zugriff der Nazis in die Schweiz. Von dort aus gingen sie zu viert in die Sowjetunion. Das war Ende 1933. Otto sprach zu dieser Zeit schon einigermaßen russisch und so fand er schnell Arbeit bei einem deutschsprachigen Verlag in Moskau. Hier nahm er auch seine politische Arbeit wieder auf. Im Verlauf der folgenden Jahre bildete sich eine oppositionelle Gruppe unter den Emigranten, die im Widerspruch zu dem von Stalin eingeschlagenen Kurs

Lagerbaracke für Strafgefangene in Workuta

der Kommunistischen Partei stand. Otto und seine Vertrauten wandten sich immer offener gegen die Verfolgung Andersdenkender, gegen Repressalien bei den Arbeitern, Wissenschaftlern, Schriftstellern und Kulturschaffenden. Schließlich griff der sowjetische Geheimdienst zu. Im Jahr 1937 wurden Otto und seine Genossen verhaftet. Das geschah im Zusammenhang mit der Verfolgung von Anhängern Trotzkis, denen Verrat an der Sowjetunion und der Sache des Sozialismus vorgeworfen wurde. Sie waren monatelang unmenschlichen Verhören ausgesetzt und mußten fast eineinhalb Jahre in Einzelhaft verbringen. Man bezichtigte sie schließlich alle der konterrevolutionären und staatsfeindlichen Tätigkeit. Die Gründe waren fadenscheinig, wie fast überall. Sie hätten vor keinem ordentlichen Gericht bestanden. Ein Urteil des Moskauer Sondergerichtes verbannte jeden von ihnen für lange Jahre ins Straflager. Otto hat von den anderen aus seiner Gruppe nie mehr gehört. In den 12 Jahren Strafhaft, die er bereits verbüßte, arbeitete er 8 Jahre unter Tage. Das fiel ihm schwer, war er damals doch schon Mitte vierzig. Die Schachtarbeit hat seine ohnehin angegriffene Gesundheit weiter ruiniert. Jetzt ist er herzkrank und nur noch teilweise arbeitsfähig.

Ottos Schicksal ist in Workuta kein Einzelfall. Sergej beispielsweise, ein sowjetischer Fliegeroberst, Teilnehmer des Großen Vaterländischen Krieges und zweifacher „Held der Sowjetunion“ arbeitet ebenfalls in unserem Schacht. Sein Fall gleicht dem vieler aufrechter Kommunisten. Nach Beendigung des Krieges arbeitete Sergej in der Moskauer Militärverwaltung als Experte für Jagdflugzeuge. Bei einer Luftparade in Moskau im Jahr 1948 waren auch westliche Militärattachés anwesend. Auf die Frage eines englischen Offiziers nach Niveauunterschieden zwischen sowjetischen und englischen Jagdflugzeugen hatte Sergej wahrheitsgemäß die englischen Spitfire stärker und wendiger als die sowjetischen Jagdflugzeuge eingeschätzt. Jemand, der sich zu diesem Zeitpunkt in unmittelbarer Nähe der beiden Offiziere aufhielt und ihr Gespräch gehört haben mußte, denunzierte ihn. Sergej kennt den Mann sogar. Es ist ein sowjetischer Armeegeneral. Dessen Anzeige reichte, um Sergej für 25 Jahre in ein Straflager zu verbannen. Seit drei Monaten ist er nun in Workuta, wo sich eine internationale Gemeinschaft zusammengefunden hat. Otto erzählt, daß außer Deutschen auch Litauer, Esten, Letten, Rumänen, Ungarn, Österreicher, ja sogar ein Spanier, ein Japaner und ein Chinese in unserem Lager sitzen. Alle arbeiten sie im Schacht. Aber trotz des babylonischen Sprachengewirrs verstehen sich alle. Jeder Neue lernt so schnell wie möglich russisch, und auch ich begreife, wie lebenswichtig das hier ist.

Ein Läufer aus der Kommandantur befiehlt Jonas mit uns in die Abteilung, die über den Einsatz der Arbeitskräfte entscheidet. Dort wird uns der künftige Arbeitsplatz zugewiesen. Ich gehöre ab sofort der 9. Abteilung des Schachtes an, mein Brigadier ist Wladimir Schewtschenko. Vor der Arbeitsaufnahme müssen wir jedoch noch geschult werden. Dabei geht es um die Einweisung in die künftige Arbeit und das Verhalten im Schacht.

Wer wie Otto schon viele Jahre hier im Lager lebt, weiß genau, wie es dort unten zugeht. So erzählt er mir ganz offen, daß die festgelegten Sicherheitsvorschriften in den seltensten Fällen eingehalten werden. Der Schutz der arbeitenden Bergleute steht nur auf dem Papier. Zum Beispiel ist der Besitz von Grubenmasken vorgeschrieben. Keiner hat eine. Die technische Ausrüstung des Schachtbetriebes unter Tage ist ausgesprochen primitiv. Manuelle Tätigkeiten herrschen vor, Schaufel und Keilhaue sind in der Mitte des 20. Jahrhunderts die Hauptwerkzeuge der Arbeiter. Ich höre Ottos Bericht entsetzt zu: Zum Transport der ein- und ausfahrenden Kumpel gibt es keine Förderkörbe. Der achte Schacht ist schräg angelegt, die Kohleflöze werden diagonal abgebaut. Zu Fuß müssen die Arbeiter den Weg über mehr als tausend Stufen zum Förderplatz hinunter- und auch wieder heraufklettern. Nach Schichtende, als die Kumpel aus dem Speiseraum in die Unterkunft zurückkehren, lerne ich zwei Deutsche kennen. Seit zwei Jahren sind sie schon im Lager und natürlich begierig, etwas Neues aus der Heimat zu erfahren. Wir reden lange miteinander. Einer von beiden, Alfred, berichtet, daß er 1945 mit erfrorenen Füßen in der Nähe einer polnischen Stadt in Kriegsgefangenschaft geriet und von den Russen in ein großes Sammellager bei Brjansk gebracht wurde. Nach zwei Hungerjahren mit ernsten Folgen für seine Gesundheit verlegte man ihn weiter östlich in die Sowjetunion, ins Donezkbecken bei Stalino. Eines Tages brauchten die Russen sechs Männer, um Waggons mit Kartoffeln zu entladen. Alfred und fünf andere meldeten sich freiwillig. Für die halbverhungerten Gefangenen war es eine Riesenversuchung, beim Entladen der Kartoffeln nicht zuzulangen. Schließlich gestattete ihnen ein Wachposten, eine Handvoll einzustecken. Am Lagertor wurden sie kontrolliert und die Kartoffeln zum Gegenstand einer Anklage gemacht. 15 Jahre Strafarbeit für jeden.

Karl-Heinz, der zweite Deutsche, war bei Kriegsende gerade 15. Er gehörte zum letzten Volkssturmaufgebot seines Heimatortes. Am 2. Mai war er wieder zu Hause, an seinem Geburtstag. Noch an diesem Tag holten ihn russische Soldaten ab. Er kam nach Buchenwald, in das ehemalige Hitler-KZ. Hier folgten Verhöre; man verdächtigte ihn, zu den Werwölfen zu gehören. Karl-Heinz konnte mit diesem Begriff überhaupt nichts anfangen, er war fast noch ein Kind. Im September 1945 lautete dann das Urteil des Tribunals: Gemäß der Anklage nach § 58, Absätze 8, 9, 11 verurteilt zum Tode. Nur seiner Jugend wegen wurde Karl-Heinz zu 15 Jahren Strafarbeitslager „begnadigt".

Wie oft ich solche Geschichten in den letzten zwei Jahren auch schon gehört habe, ich bin immer aufs neue erschütert. Da sitzt der blasse schmale Junge vor mir und will etwas von zu Hause wissen. Aber was kann ich ihm schon erzählen.

Kurz vor dem Schlafengehen kommt Jonas noch einmal zu mir und drückt mir zwei Stoffstückchen in die Hand. Darauf steht die Bezeichnung „1-R-133".

„Deine Gefangenenkennummer", meint er. „Nähe sie auf den linken Ärmel deiner Wattejacke und auf das rechte Hosenbein in Höhe des Oberschenkels."

Unter Balten und Ukrainern

Nun, da die Kumpel der letzten Schicht in die Baracke kommen, lerne ich Sergej persönlich kennen, dessen Geschichte mir Jonas schon erzählt hat. Erstaunt stelle ich fest, daß er ein fast akzentfreies Deutsch spricht. Interessiert hört er sich meine Erzählung über Berlin an, zum ersten Mal wage ich es, meine beiden Karlshorster Freunde Kolja und Arkadi zu erwähnen. Für Sergej scheint dies nicht erstaunlich. Solche Soldaten und Offiziere der Roten Armee gebe es inzwischen viele. Sie seien durchaus nicht einverstanden mit der Unterdrückung politisch Andersdenkender sowohl in der UdSSR als auch in den besetzten Ländern. Überall suchten sie nach Gleichgesinnten, die auch bereit sind, offen dagegen aufzutreten. Er hat in Moskau viele von ihnen kennengelernt und weiß natürlich, daß der Geheimdienst sie mit aller Konsequenz verfolgt.

Er selbst stammt aus Tula, einer Stadt südlich von Moskau. Seine Mutter ist deutschstämmig; sie hat ihn von Kindheit an zweisprachig erzogen. Ob er mir nicht russisch beibringen könne, frage ich ihn. Skeptisch verweist Sergej auf die wenige Freizeit, die uns zwischen den Arbeitsschichten bleibt. Trotzdem will er mir helfen. Ich bin froh, schon in den ersten Tagen solche Kameraden wie Jonas, Otto und Sergej gefunden zu haben. Ohne diese Freunde scheint ein Überleben unmöglich.

Latrine und Abfallkarre

Die Lebensbedingungen sind härter denn je. Zwar ist die Zeit der Kübel endlich vorbei, aber die Toiletten hier sind kaum angenehmer. Außerhalb der Unterkunft, genau zwischen unserer und der Nachbarbaracke, ist der Platz für die Notdurft. Völlig ungeschützt, jedem Wetter ausgesetzt, müssen dort die Strafgefangenen ihre „Geschäfte" verrichten. Wenn ich an Wintertemperaturen unter 60 Grad denke, erstarre ich schon jetzt.

Geht man von der Bewachung des Lagers aus, so sitzen in Workuta die gefährlichsten Männer und Frauen des Landes. Rings um unser Lager zieht sich ein etwa dreieinhalb Meter hoher Stacheldrahtzaun. Er wird von Wachtürmen überragt, die in verhältnismäßig kurzen Abständen voneinander entfernt stehen und immer mit Posten besetzt sind. Ihre Bewaffnung besteht aus Maschinengewehren und Maschinenpistolen. Zum Außenzaun parallel verläuft innen ein zweiter, nur etwa einen Meter hoher Stacheldrahtzaun. Der dazwischenliegende Streifen ist Niemandsland, getaucht in grelles Scheinwerferlicht. Die Wachen haben Befehl auf jeden zu schießen, der sich dort aufhält. Wolfshunde, deren lange Ketten an Schienen des Außenzaunes laufen, durchstreifen ständig dieses Gebiet.

Das ganze Lager untersteht ausschließlich Sicherungskräften des Innenministeriums. Sie sind für den gesamten Ablauf im Lager zuständig. Weitere Einzelheiten über unser so streng bewachtes Gebiet erfahre ich von Otto und Jonas. Wie sich herausstellt, sind die meisten politischen Sträflinge Balten und Ukrainer. Zusammen machen sie etwa die Hälfte der Lagerbesatzungen aus. Ein großer Teil der baltischen Jugend – sie hatten in Sonderverbänden der Deutschen Wehrmacht gegen sowjetische Truppen gekämpft – ist in Workuta interniert. Dazu kommen noch zahllose Angehörige der Intelligenz dieser Völker, die schon bei der Einverleibung in die Sowjetunion 1940 hierher verschleppt worden waren. Unter den Ukrainern sind die aus Ostgalizien und den anderen Ostgebieten Polens in der Mehrzahl.

Hinzu kommen Tataren, Georgier, Armenier und Angehörige der zahlreichen Turkvölker aus den kaukasischen und zentralasiatischen Gebieten der UdSSR. Auch Juden und Polen aus der UdSSR sind zahlreich vertreten.

In unserem 8. Schacht ist die Zahl der Ausländer besonders hoch. Unter ihnen bilden die Deutschen (Reichsdeutsche, Deutschbalten, Rußlanddeutsche, Siebenbürger Sachsen und Banater Schwaben) die größte Gruppe. Die meisten Reichsdeutschen sind aus den berüchtigten Gefängnissen Bautzen, Lichtenberg, Halle sowie den Sonderlagern Sachsenhausen und Buchenwald nach Workuta gekommen. Otto meint, viele von ihnen hätten einen spürbaren Durchhaltewillen, bei einigen Gefangenen

Brunnen mit Wasserleitung

sei aber auch Haß und Verzweiflung zu spüren. Mit feindlichen Äußerungen sollte jedoch sehr vorsichtig umgegangen werden, denn das Spitzelsystem funktioniere auch hier im Lager perfekt.

An den folgenden drei Tagen werden wir für die Arbeit im Schacht „geschult". Selbstverständlich in russisch; keiner von uns versteht ein Wort. Erst die Kameraden in der Unterkunft, die schon seit langem vor Ort arbeiten, erklären uns alles noch einmal ausführlich und geduldig. Wir werden in der ersten Zeit dort unten auf ihre Hilfe angewiesen sein.

Nun lerne ich auch meinen Brigadier kennen. Schewtschenko lag einige Tage auf der Krankenstation. Nach einem Unfall wird er vorläufig nicht in den Schacht einfahren können. Die Männer seiner Schicht reden nur Gutes über ihn. Er verwendet sich für seine Leute, trägt wesentlich zur Erfüllung der Sicherheitsvorschriften bei. Leider spricht er nur sehr wenig Deutsch, und mein Russisch hilft mir noch nicht viel weiter. So muß Jonas übersetzen.

Otto hat versprochen, mich an die Küche für eine Feierabendarbeit zu vermitteln. Er hat wohl meinen dauernden Hunger bemerkt und will mir helfen, zusätzlich Essen zu verdienen. Zusammen mit Klaus, dem zweiten Deutschen, melde ich mich bei dem Verantwortlichen. Man bringt uns in eines der vielen kleinen Nebengebäude. In einer Waschküche stehen schon vier andere Gefangene um einen Trog herum und schälen Kartoffeln nach. Drei dieser Tröge, macht uns ein Russe klar, sind die Norm für ein zusätzliches Essen. Keine schwierige Aufgabe.

Der Koch scheint auch zufrieden mit uns zu sein, er läßt uns im Nebenraum an einem großen Tisch Platz nehmen. Dann schleppt er ein Kuchenblech heran, gefüllt mit einer breiartigen Masse. Kartoffelbrei! Der Koch gießt Öl darüber, wir vermengen das ganze und beginnen zu essen.

Obwohl mich die anderen warnen, langsam zu essen, kann ich mich nicht beherrschen und schlinge meine Portion in Sekundenschnelle hinunter. Die Folgen dafür bekomme ich schon bald zu spüren: heftige Magenkrämpfe und ein entsetzlicher Durchfall.

Trotzdem will ich es wieder versuchen, auf solche Weise an eine Zusatzverpflegung zu kommen. Auch in der Bäckerei, so erzählen mir die Gefangenen, kann man sich Extra-Brot verdienen.

Vorerst aber erhalten wir den Befehl, uns unsere Arbeitssachen zu holen. Durch die erste Wache am inneren Lagerring gelangen wir mit einer Bescheinigung der Kommandantur. In der Kleiderkammer, die hinter dem riesigen Schachtgelände liegt, stattet man uns aus: Arbeitssachen aus wattiertem Stoff, ein Hemd, ein Schutzhelm und ein paar eigenartige Stiefel.

Eigentlich sind es nur Galoschen, an die man Schäfte aus den Transportbändern der unteren Schachtanlage geheftet hat.

Zur Ausrüstung der Bergleute gehört noch die Grubenlampe. Aber die bekommen wir erst, wenn wir einfahren. Auch die anderen Arbeitssachen bleiben – mit meiner Nummer versehen – in der Kleiderkammer. Wir erhalten dafür eine Blechmarke.

Beim Rückweg in die Baracke werden wir Zeuge der ersten Gewaltszene im Lager. Zwei Strafgefangene verfolgen einen dritten, erwischen ihn auch und schlagen solange auf ihn ein, bis er blutend am Boden liegt. Das alles geht fast lautlos vor sich. Schließlich lassen sie von ihm ab, der Geschlagene taumelt weiter. Vor den Augen des Wachpersonals! Jonas, der uns die Betroffenheit ansieht, nimmt uns unauffällig zur Seite. Offiziell, so erklärt er, unterstehen die Lager in Workuta den MWD-Beamten. Die eigentlichen Herren des gesamten Lagerlebens sind jedoch die Blatnyje, Gewohnheitsverbrecher, die vorwiegend aus der Gegend um Moskau stammen. Im 8. Schacht gibt es Gottseidank nur noch wenige von ihnen. Auch sie sollen bald an einen anderen Ort gebracht werden. Hier leben dann nur noch politische Gefangene. Früher war das anders. In seiner Baracke, so berichtet Jonas, gab es bis vor kurzem acht solcher Krimineller. Sie beanspruchten den Platz, der 20 Männern zustand. Die Blatnyje verweigern grundsätzlich die Arbeit und verbringen ihre Zeit mit Schlafen, Spielen, Stehlen und Morden. Es verging früher kaum ein Monat, in dem nicht irgendeines ihrer Opfer erstochen auf der Pritsche oder im Freien gefunden wurde. Das waren in den meisten Fällen Abtrünnige, sogenannte Suki, auf deutsch Hündinnen. Wenn die sich beispielsweise entschlossen, mit den anderen Gefangenen zu arbeiten, war meist ihr Todesurteil gesprochen.

Entsetzt fragen wir uns, wie so etwas in einem streng bewachten Lager möglich ist. Jonas erklärt uns, daß die Kriminellen in gewisser Weise auch die politischen Gefangen in Schach halten. Dafür dürfen sie tun und lassen, was sie wollen. Kein MWD-Mann wagt es, sie zur Arbeit anzuhalten oder sie gar anzurühren. Das ist ungeschriebenes Lagergesetz.

Diese Blatnyje sind – nach Jonas' Schilderung – Verbrecher der schlimmsten Sorte. Sie scheuen vor nichts zurück und kennen keinen Skrupel. Wahrscheinlich stammen sie aus den Kreisen der Besprisorniks, jener verwahrlosten Jugendlichen, die mit kommunistischen Erziehungsmethoden nicht in diese Gesellschaft einzugliedern waren und die ihr auf diese Weise aktiven Widerstand entgegensetzen. Bandenweise ziehen sie mordend und plündernd durch das Land. Wo sie auftauchen, verbreiten sie Schrecken. So auch hier. Sie werden von einem Starschi, einem Anführer, eisern und hart kommandiert.

Ich habe das eben Gehörte kaum verdaut, da befiehlt uns der Posten zur Zählung. Er nennt meinen Namen und deutet zur Tür. Nach dem Appell nimmt er mich mit in die Kommandantur. Ein Dolmetscher in Uniform erklärt mir, daß ich als gewalttätige Person bekannt bin und deshalb für die nächsten Tage in eine Einzelzelle gesperrt würde.

Über mir bricht alles zusammen. Gerade hatte ich angefangen, mich zurechtzufinden. Ich stelle verzweifelte Fragen an den Offizier. Mit eisiger Miene erklärt er, solche Subjekte wie ich würden immer vor bedeutenden Ereignissen in Sonderverwahrung genommen. Und jetzt stehen die Oktoberfeierlichkeiten bevor. Wortlos übergibt er mich dem diensthabenden Soldaten, der schließt mich in eine Zelle ein. Wieder bin ich isoliert. Zum Glück erhalte ich die Verpflegung wie jeder andere. Nach vier Tagen werde ich in die Baracke zurückgebracht.

Eine „Schutzmaßnahme", so erklärt es Otto. Ganz bestimmte „Politische" werden über die Feiertage ganz einfach aus dem Verkehr gezogen. Er gewinnt der Sache sogar eine gute Seite ab: „Du mußt nicht arbeiten und bekommst volle Verpflegung."

Morgen werde ich nun endgültig zur ersten Tagschicht einfahren. Klaus, der mit mir zusammen in diese Abteilung gekommen ist, hat mir vier Tage voraus und scheint völlig zerschlagen. Er war vor zwei Jahren durch ein sowjetisches Militärtribunal zu sieben Jahren Strafhaft verurteilt worden. Man warf ihm vor, sowjetische Militärobjekte fotografiert und außerdem Zulassungskennzeichen russischer Fahrzeuge notiert und weitergegeben zu haben. Die Untersuchungsführer hatten ihn gemahnt, die „Wahrheit" über Dinge zu sagen, von denen er absolut keine Ahnung hatte. Dafür war ihm Freilassung in Aussicht gestellt. Monatelange Verhöre. Man nannte ihm Namen von Unbekannten, die ihn belastet hätten.

Obwohl während des folgenden sechstägigen Prozesses vor dem Militärtribunal keine Schuld nachzuweisen war, ist er gemäß § 58, Absatz 6 und 12 verurteilt worden. Man brachte ihn von Schwerin nach Lichtenberg, dann mit einem zweckentfremdeten Postwagen, einem sogenannten Stolypinski, über Brest-Litowsk, Gomel, Moskau, Wologda, Kotlas bis hier nach Workuta.

Arbeit unter Tage

Am nächsten Morgen müssen wir uns durch hohen Schnee kämpfen. An der inneren Lagerwache dauert es lange, ehe wir mit unseren Arbeitskarten durchgelassen werden. Der Brigadier geht voran, die zwanzig Männer seiner Schicht folgen im Gänsemarsch. Anders kommt man hier – in der sogenannten Arbeitszone – nicht durch die hohen Wehen. Geräumt werden die Wege erst im Laufe des Tages.

Wir holen mit der Blechmarke unsere Sachen und ziehen uns um. Nun erfahre ich, daß ich für den Vortrieb eingeteilt bin. Erfahrene Kumpel sagen, eine der schwersten Arbeiten unter Tage. Schaufel, Bohrstange und Spitzhacke – das sind meine Geräte. Die Last macht mir schon jetzt zu schaffen, zumal ich mich sehr ungeschickt anstelle. Nasse hölzerne Stufen führen nach unten. Dauernd rutsche ich aus, muß auch ständig gebückt, fast in der Hocke gehen. Wie lange hält man das aus – Tag für Tag?

Über tausend Stufen sind es, sagen die Kumpel, ich habe aufgehört zu zählen. Das Herz rast vor Anstrengung, ich kann mich kaum auf den Beinen halten. Endlich läßt der Brigadier halt machen. Eine Pause zum Verschnaufen. Die Geräte auf den Schultern drücken mich fast zu Boden. Ich werfe sie ab und ernte dafür einen mächtigen Rüffel. Sergej belehrt mich, mit den Werkzeugen ordentlich umzugehen. Jeder abgebrochene Stiel ist ein Hemmnis bei der Erfüllung des Schichtplanes für die ganz Brigade. Mir ist das im Moment völlig egal. Ich schnappe nur nach Luft, will mich erholen.

Da bemerke ich die kleinen Loren; sie sind offenbar mit Lehm gefüllt. Im trüben Licht der Grubenlampen ist es nicht genau zu sehen. Einige von uns haben ebenfalls Beutel mit hartgefrorenem Lehm in der Hand. Zum Verstopfen der Bohrlöcher, wird mir erklärt.

Jetzt geht es weiter. Die Strecke scheint endlos. Als wir vor Ort ankommen, erfahre ich, daß wir vom Schachteingang insgesamt fünf Kilometer gelaufen sind.

Die ersten nehmen die Arbeit auf. Mit schweren Bohrmaschinen stemmen sie Löcher in die Wände. Dann erscheint der Sprengmeister. Ein Wolgadeutscher, der früher hier Sträfling war und nun, nach Verbüßung seiner Haft, auf unbestimmte Zeit in Workuta angesiedelt ist. Wie viele andere auch.

Wasserbottiche werden herangeschleppt, der Lehm mit Wasser vermengt. Der Sprengmeister füllt die Bohrlöcher und legt die Zündkabel. Mir fällt auf, daß auch einige von uns mit dem Sprengstoff hantieren. Ist das nicht verboten? Sergej erklärt mir, ohne Hilfe der Gefangenen sei die Norm des Sprengmeisters überhaupt nicht zu erfüllen. Und an die sind auch alle übrigen gebunden. Dafür erhalten wir letztlich unsere Verpflegung.

Die Brigade zieht sich zurück. Hinter einer Biegung sehe ich einen Stapel Holzschienen. Die sind sofort nach erfolgter Sprengung in Richtung Vortrieb zu verlegen, damit die freigesprengte Kohle abtransportiert werden kann.

Nach dem Entwarnungssignal arbeiten wir weiter, verlegen die Schienen und schieben in Bereitschaft stehende Loren zum gesprengten Gestein. Dabei müssen wir unsere ganze Kraft aufbieten, um die schweren Fahrzeuge auf den Holzschienen in Bewegung zu bringen. Große Brocken abgesprengter Kohle liegen im Flöz. Mühsam wuchten wir sie mit den Händen in die Loren. Manche wiegen über 20 Kilo. Die kleineren Stücke werden dazugeschaufelt. Vier Männer haben nun Übermenschliches zu leisten, um die zentnerschweren Wagen zurückzubewegen. Bis zur Schüttelrutsche sind es bestimmt 200 Meter. Mehrmals wird unterwegs angehalten. Nur mit äußerster Kraftanstrangung, Meter um Meter, schieben wir uns vorwärts. Eine Rutsche transportiert die Kohle schließlich in die Wagonetki, die Hunte, die über ein Stahlseil diagonal über viele Kilometer an die Erdoberfläche gezogen werden. Dort sorgen andere Brigaden für den Weitertransport. Wir schieben die Loren solange hin und her, bis alles gesprengte Gestein weggeräumt ist.

Ich bin dem Rat der anderen gefolgt und habe mir vom Frühstück etwas Brot aufgehoben. Es steckt in der Innentasche meiner Jacke und ist nun völlig zerdrückt. Ich schlinge es, ohne Sättigung zu spüren, hinunter. Der Kohlendreck an den Händen stört mich gar nicht mehr. Etwas anderes bekommen wir während der nächsten 10 bis 12 Stunden im Schacht nicht zu essen. Viele sollen hier schon an Entkräftung gestorben sein. Den Behörden scheint das nichts auszumachen; täglich werden neue Waggons voller Arbeitskräfte nach Workuta gebracht.

Ist die gesprengte Kohle abtransportiert, muß Holz herangeschleppt werden. Der Streb wird ausgebaut und abgestützt. Ein paar Zimmerleute sind unter uns, die übernehmen die Facharbeit. Es muß zuverlässig und exakt gebaut werden. Nicht nur die eigene Sicherheit steht auf dem Spiel, auch die nachfolgende zweite Schicht soll gefahrlos den Abbau seitlich weiterführen können. So bauen wir Kästen für den Streb und stellen Stempel auf. 12 Stunden harter Arbeit auf der untersten Schachtsohle. Der Rückweg über fünf Kilometer bis zum Ausgang wird zur Qual. Auf dem

Eingang zum 8. Schacht von Workuta Ende der vierziger Jahre; von hier führten mehrere tausend Stufen in die Stollen hinab

Weg nach oben strömt eisiges Wasser an uns vorbei – seitlich in die Tiefe des Stollens. Wohin es fließt, weiß keiner. Am ganzen Körper zitternd, komme ich schließlich oben an. Dunkelheit und eisiger Frost empfangen uns.

In den Duschräumen erhält jeder ein winziges Stück Seife. Es hat die Größe von Würfelzucker. Das Wasser ist zwar wohltuend warm, aber an Körperreinigung ist nicht zu denken; die Seife schäumt nicht, sie reibt wie Sand auf der Haut. Schließlich ist der größte Schmutz herunter, aber um die Augen herum bleiben alle schwarz.

Vom Lagertor aus klettern wir hinauf zur Stolowaja. Es gibt Kohlsuppe, zwei Kellen Kascha mit etwas Öl, dazu ein Stück Schwarzbrot. In der Baracke werfe ich mich auf die Pritsche und schlafe sofort ein. Von einem regelmäßigen, knallenden Geräusch werde ich wach. Vier Männer der anderen Schicht sitzen um den Tisch und spielen Domino. Beim Anlegen der Holzsteine klopfen sie heftig auf die Platte. Sie sind so in das Spiel vertieft, daß sie ihre Umwelt gar nicht bemerken. Die Kumpel haben heute ihren freien Tag, den gibt es nach zehn Arbeitsschichten.

Jonas bemerkt die Störung und mahnt zur Ruhe. Für kurze Zeit wird es stiller. Eigentlich ist dies ein Spiel für drei Personen. Da der Verlierer aber jedesmal eine Runde unter dem Tisch sitzen muß, zum Vergnügen der anderen, spielen hier vier. Eine harmlose Art des Dominospielens. Bei den Blatnyje geht es heißer her. Da wird um Geld, teilweise um sehr hohe Beträge, gespielt oder auch um Raub und Menschenleben. Wer verliert, muß das ausersehene Opfer ausrauben oder sogar töten.

Am nächsten Morgen suche ich meine Schuhe, die ich zum Trocknen in die Suschilka gebracht hatte, einen Raum am Ende der Baracke, wo es einen langgestreckten Ofen gibt. Er ist oben mit einer Eisenplatte versehen, die sich stark erhitzt, wenn richtig eingeheizt wird. Einer der beiden Helfer des Sawchos ist als Heizer für die gesamte Baracke tätig. Er wird auch Suschiltschik gerufen. Über der Heizplatte hängt ein weitmaschiges Drahtnetz, von Haken gehalten, die in die Decke eingelassen sind. Auf dessen Fläche können alle nassen Sachen zum Trocknen ausgelegt werden. Doch meine Schuhe sind nicht zu finden. Sollten sie gestohlen worden sein? Sie sind ja noch fast neu und mit meinen Initialen gezeichnet. Hier gleicht natürlich ein Paar dem anderen; sie unterscheiden sich nur durch Größe und Alter. Das Problem klärt sich zum Glück rasch. Ein anderer hat sie versehentlich gegriffen und bringt sie nun zurück.

Meine Brigade ist schon wieder beim Ausrücken. An der Wache dauert es dieses Mal länger, ehe wir durchgelassen werden. Irgend etwas scheint nicht zu stimmen. Wir frieren jämmerlich, der Wind pfeift uns um die Ohren, vor allem aber frieren die Füße. Fußlappen und halbe Stiefel bieten keinen Schutz gegen diese Kälte. Endlich dürfen wir passieren. Vor dem Einstieg in den Schacht erwartet uns die Wut des verantwortlichen Obersteigers. Er ist Russe und war früher hier in Workuta Strafgefangener. Soweit ich diese Sprache schon verstehe, flucht er unflätig. Hurensöhne ist wohl das Geringste, das wir zu hören bekommen. Grund ist unser verspäteter Arbeitsbeginn.

Auf der hölzernen Treppe falle ich heute noch öfter als gestern. Vor Ort bin ich schon völlig zerschlagen. In diesem Moment glaube ich, daß mein Körper die Strapazen nicht mehr lange erträgt. Dabei ist das ja erst der Anfang! In dieser Schicht ist auffallend viel Wasser auf der Vortriebsstrecke. Es umspült unsere Beine bis über die Knöchel. Bald merke ich, daß die sogenannten Schachtstiefel nicht dicht sind. Das Wasser ist eiskalt, und die Fußlappen sind schon vollgesogen. Zudem strömt kalte Zugluft durch den Stollen.

Sergej meint, dies sei eine Reaktion auf den verspäteten Arbeitsbeginn. So etwas wird vom Obersteiger veranlaßt. Er will uns durch die Kälte zwingen, verlorene Zeit aufzuholen. Die Tagesnorm muß erfüllt werden, und der Lohn des Obersteigers hängt von dieser Erfüllung ab. Was sie unter Tage nicht schaffen, müssen die Bergleute zusätzlich an der Oberfläche nacharbeiten. Keiner will das, und so fallen die Erholungspausen kürzer aus. Nach dieser Schicht krieche ich auf allen Vieren nach oben. Eigentlich fällt der Aufstieg leichter; man muß nicht so tief in die Hocke gehen. Aber ich bin einfach zu schwach. Oben will ich nur noch schlafen, nichts mehr essen. Sergej schleppt mich mit. Später in der Baracke will er mir die erste Russischstunde geben. Dazu fühle ich mich nicht mehr in der Lage. Er aber meint, mit einer sinnvollen Beschäftigung käme ich am besten über die Schwäche hinweg. So nehme ich mich zusammen und setze mich an den Tisch. Geduldig und beharrlich erläutert er mir einfache Begriffe der Grammatik und Rechtschreibung, versucht sie logisch darzustellen. Irgendwoher hat er auch Papier und einen Bleistift herbeigeschafft. Ich schreibe die Ergebnisse dieser ersten Unterrichtsstunde auf.

Am nächsten Tag, einem Donnerstag, müssen wir nach Schichtschluß in die Banja. Schon beim Eintreten schlägt uns eine Welle heißer Luft entgegen. Ein Dnjewalny, der Helfer in der Banja, weist uns ein. Wir ziehen uns aus, geben die schmutzige Unterwäsche ab und hängen die Oberbekleidung an einen Stahlring. Ein dampfender Raum mit wohliger Wärme empfängt uns. Man könnte Stunden hierbleiben. Sogar Seife bekommen wir. Die Duschen sind besser als im Schacht. Im Nebenraum gibt es dann den Frisör. Vorm Scheren müssen die nassen Haarstoppeln mit einem Leinentuch abgerieben werden. Wieder werden wir am ganzen Körper rasiert.

Danach noch einmal unter die Dusche. Wir versuchen, die Zeit solange wie möglich hinauszuzögern. Aber für jede Baracke gibt es ein genaues Limit, das darf nicht überschritten werden. Wir erhalten schließlich frische Unterwäsche aus einfachem grobem Stoff. Die Oberbekleidung war inzwischen zur Ungezieferbekämpfung in einem Heißluftraum. Die Stahlringe kann man kaum berühren. Unsere Sachen aber sind angenehm warm, noch auf dem Rückweg durch die Kälte.

Schwächeanfall

Wochen vergehen im Wechsel der Schichten. Meine Kraft läßt spürbar nach. Für den Russisch-Unterricht mit Sergej muß ich mich täglich neu überwinden. Zum Glück geht es in unserer Baracke recht kameradschaftlich zu. So versuchen alle, mir über den schweren Anfang hinwegzuhelfen. Aber ich fühle mich von Tag zu Tag schlechter. Auch zusätzliche Happen aus den Paketen der anderen helfen mir nicht mehr. Außer uns Deutschen dürfen alle ab und zu Pakete empfangen. Die werden grundsätzlich brüderlich geteilt. Ich kann bald nicht mehr zur Arbeit gehen und melde mich bei Schewtschenko krank. Der schickt mich sofort in den Santschast, die Ambulanz, zur Behandlung.

Lange dauert es, bis die Reihe an mir ist. Ein älterer Mann, wahrscheinlich der Arzt, empfängt mich freundlich. Auch er ist kahlgeschoren, also selbst Gefangener. Aufmerksam betrachtet und betastet er meinen abgemagerten Körper, hört mich ab. Alles schmerzt. Vor allem die Beine; sie sind dick geschwollen. Der Arzt drückt mit dem Finger auf die Haut, die Druckstellen bleiben. Leise sagt er : „Wasser!“. Nachdem ich ihm meine Beschwerden geschildert habe, telefoniert er lange. „Distrophie und Hungerödeme“ lautet die Diagnose. Auf seine Veranlassung werde ich ins Krankenhaus eingewiesen. Er dringt auf sofortige Behandlung.

Der Arzt, selbst Russe, spricht ein ganz ausgezeichnetes Deutsch. Im Krankenhaus treffe ich ihn wieder. Hier legt sein Sanitäter, ebenfalls ein Häftling, ein Krankenblatt für mich an und weist mich in eines der Zimmer ein. Noch vier andere Häftlinge liegen im Raum. Was mich jedoch sofort begeistert: Hier stehen richtige Betten, mit Matratzen und bezogenem

Bettzeug. Ich lege mich hinein und schlafe sofort ein. Nur zum Essen werde ich wach, dann schlafe ich wieder. Nach vielen Stunden, vielleicht auch erst Tagen, nehme ich meine Umgebung, die Zimmerkameraden ganz bewußt war. Gurewitsch heißt mein Bettnachbar, ein ehemaliger Sowjetdiplomat. Er hat schon viele Jahre Haft hinter sich und arbeitet im Planungsbereich des Lagers als Stellvertreter des Abteilungschefs. Ein Strafgefangener als rechte Hand eines Hauptmanns des MWD! Gurewitsch war als Militärattaché im Range eines Oberst bis 1938 an der sowjetischen Botschaft in Berlin tätig. Dann berief man ihn nach Moskau zurück, wo er sofort verhaftet wurde, wegen angeblicher geheimdienstlicher Tätigkeit für die Nationalsozialisten. Dafür sollte es auch Zeugen geben, wurde ihm gesagt. Gegenübergestellt worden ist er niemals. Nach langer komplizierter Prozeßführung hat ihn ein Tribunal zu langjähriger Zwangsarbeit verurteilt.

In den nächsten Tagen erhole ich mich etwas. Ruhe und bessere Kost machen sich bemerkbar. Dr. Petrow, so heißt der Arzt, wie ich inzwischen erfahren habe, kümmert sich zusammen mit seinem Sanitäter aufopferungsvoll um die Patienten. Wir sind nicht die einzigen im Lagerkrankenhaus. Hier liegen zum Teil auch schwere Fälle. Einer meiner Bettnachbarn beispielsweise erlitt einen Unfall im Schacht. Vor drei Monaten wurde er zwischen zwei Loren eingeklemmt; beinahe hätten sie ihm den Brustkorb zerquetscht. Nicht Unachtsamkeit war die Ursache für diesen Zwischenfall, sondern ganz einfach Schwäche. Nun scheint er auf dem Wege der Besserung und hofft, nicht mehr in den Schacht zu müssen. Aber das hofft hier jeder.

Zu meiner Freude bekomme ich Besuch. Trotz ihrer wenigen Freizeit, finden einige den Weg hierher. Die Balten, Ukrainer und Russen aus meiner Baracke sammelten selbstlos solche Kostbarkeiten wie Speck und Hartwurst aus ihren Paketen für mich und schickten sie durch Jonas her. Ihre Solidarität rührt mich tief und gibt mir neue Kraft. Wie oft in den letzten Wochen habe ich nur mit der Hilfe solcher Freunde überlebt.

Im Lagerkrankenhaus lerne ich nun Menschen kennen, die seit vielen Jahren in Workuta unter schlimmeren Umständen schuften mußten als ich. Auch sie tragen dazu bei, daß ich schließlich wieder Tritt fasse.

Gurewitsch ist in diesen Krankenhauswochen ein guter Freund. Er spricht tadellos Deutsch, und als ich ihm von meinen Russischstunden bei Sergej erzähle, bietet er mir sofor weiteren Unterricht an. „Wenn du willst, fangen wir sofort an.“ Und ob ich will. Erste Fortschritte sind auch schon zu sehen. Nach wenigen Tagen versucht er, sich mit mir in seiner Sprache zu unterhalten. Immer wieder macht er mir klar, wie wichtig im Leben das Beherrschen einer Fremdsprache ist. Nach diesen Lagererfahrungen muß er mich davon nicht erst lange überzeugen.

Das tägliche Blutdruckmessen im Krankenhaus wird sehr genau genommen. Dem Sanitäter, einem Gefangenen aus dem Kaukasus, steht das Ergebnis meist auf dem Gesicht geschrieben. Gurewitsch meint, zu hoher Blutdruck sei eines der vielen Übel in der Polarregion. Workuta liegt hoch über dem Meeresspiegel und hat demzufolge sauerstoffarme Luft. Für Herzkranke ein ungeeignetes Klima. Das Lagerleben selbst führt jedoch zu vielen Erkrankungen. Durch mangelhafte Ernährung schwellen Hand- und Fußgelenke an, das habe ich am eigenen Leib erfahren müssen. Ständiger Vitaminmangel hat außerdem Skorbut zur Folge. Viele verlieren bald ihre Zähne. Eine Zahnbehandlung kommt nicht in Frage, es wird nur gezogen. Die meisten büßen über die Hälfte ihrer Zähne während der Haft ein. Der Rest wird brüchig, verfärbt sich sichtbar. Ich habe offene Beinwunden, die nicht heilen.

Gurewitsch weiß unglaublich genau über die Lager in Workuta Bescheid. So erklärt er mir auch das Prinzip der Verwaltung im 8. Schacht, das durchaus typisch ist. Unser Lager besteht aus etwa 70 Baracken, jede ist mit 70 bis 80 Gefangenen belegt. Barackenälteste und ihre Helfer sorgen für einen geregelten Tagesablauf. Fast alles funktioniert über diese Selbstverwaltung. Militärisch straff organisiert ist der Arbeitseinsatz der Gefangenen. Neben den Bergleuten arbeiten auch Handwerker verschiedenster Berufe in Workuta. Kurz: alles was ein größerer Ort zum täglichen Leben braucht, ist vorhanden. Und es funktioniert.

Neben dem Lagerkommandanten, einem Oberstleutnant, existiert noch der Regime-Chef, Natschalnik-Reshima, wie die Russen sagen. Ihm ist das gesamte Wachpersonal unterstellt. Damit obliegt ihm auch die Aufsicht über die innere und äußere Ordnung. Durch den harten Druck Tag für Tag auf die Gefangenen wird es auch kaum ein Aufbegehren geben. Wer nicht gehorcht oder gegen Anordnungen verstößt, kommt in den Isolator.

Die Einteilung der Strafgefangenen für die Arbeit obliegt ausschließlich den Organen der Selbstverwaltung. Dabei spielt der Starschy Narjadtschik, Chef über eine Handvoll Narjadtschiks, eine große Rolle. Narjad bedeutet Auftrag, und den erteilen die Beauftragten über alle Arbeitsebenen. Zu dieser Truppe gehören meist sehr willfährige, skrupellose und grausame Strafgefangene. Zuweilen gehen sie auch aus den Reihen der Suki, der Abtrünnigen, hervor. Bei uns im Schacht sind diese Positionen zumeist durch ehemalige Kollaborateure besetzt. Sie dienen immer dem jeweiligen Regime.

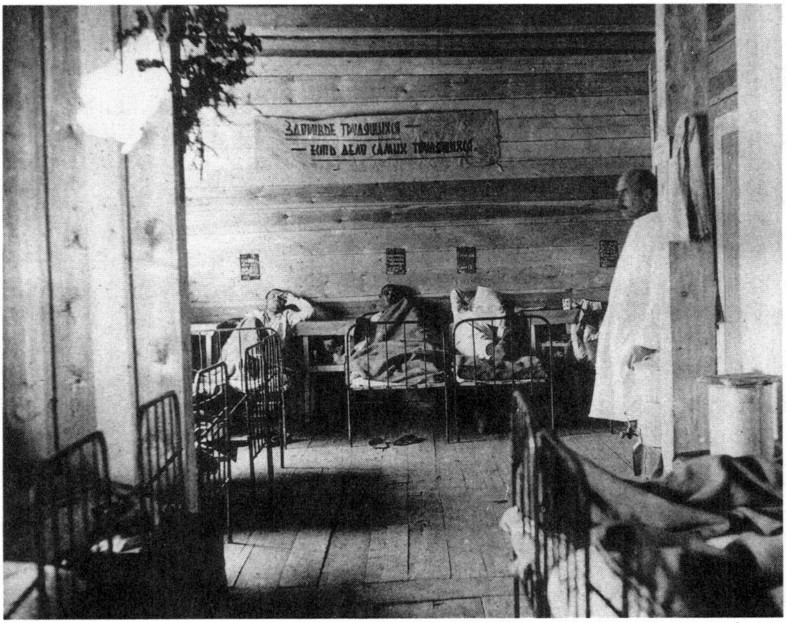

Krankenstation eines Straflagers

Einzig die Planabteilung wird durch einen Wirtschaftsoffizier geleitet. Sie steuert den gesamten wirtschaftlichen Ablauf des Lagers mit Planvorgaben und deren Erfüllung, mit Ausgaben und Einnahmen.

Hier arbeitet Gurewitsch als Stellvertreter. Alle anderen Mitarbeiter in diesem Bereich sind ebenfalls Strafgefangene. Sie planen gegenwärtig den Bau eines Kulturhauses und die Einrichtung einer Bücherei. Als ich Gurewitsch frage, ob er daran denn selber glaube, zuckt er zunächst nur die Schulter, meint dann aber, es wäre möglich.

Morgen soll ich aus dem Lagerkrankenhaus entlassen werden. Fast sechs Wochen war ich hier; die bessere Kost hat meinen Körper gestärkt, auch der Blutdruck ist wieder normal. Dr. Petrow ruft mich noch einmal zu sich. Er hat versucht, meine Schachtfähigkeit aus ärztlicher Sicht aufzuheben. Es ist ihm nicht gelungen. Deutsche Strafgefangene, so hatte ihm die Chefärztin gesagt, hätten im Schacht zu arbeiten. Dabei beruft sie sich auf die Anordnung des Natschalnik Regime. Der übrigens ihr Mann ist. Eins hat Petrow jedoch erreicht; für die nächsten Wochen oder sogar Monate muß ich nicht ins Schachtinnere.

Der Arzt wünscht mir Glück. Gurewitsch meint:

„Du solltest den Doktor in seiner Baracke besuchen. Er wohnt in der zwölften."

Zunächst aber habe ich anderes vor. Ich will feststellen, wo es im Lager noch Deutsche gibt. Vielleicht treffe ich Bekannte aus einer der Haftstationen des vergangenen Jahres. Von Otto weiß ich, daß nicht sehr viele „Reichsdeutsche" im 8. Schacht leben. Gleichzeitig hat er mich gewarnt. Wenn sich Balten, Russen, Ukrainer oder andere Völkerschaften in kleineren Gruppen treffen, sieht man das schon nicht gern. Aber es wird toleriert. Wo aber mehr als zwei Deutsche beisammen sind, vermutet man sofort eine Verschwörung und mögliche Vorbereitung zur Flucht. Er meint, ich solle die Finger davon lassen. So sehr ich sonst auf den Rat Erfahrener höre, diesmal interessiert er mich nicht.

Im Gesteinstransport

Gleich nach der Entlassung muß ich aber zunächst zur Arbeitsvermittlung, wo man mir einen neuen Arbeitsplatz zuteilt. Meine Sprachkenntnisse lassen schon zu, daß ich mich mit einfachen Worten verständlich machen kann und andere auch einigermaßen verstehe. Mir wird bedeutet, daß ein

Arbeitsplatzwechsel auch verbunden ist mit dem Umzug in eine andere Baracke. Also packe ich mein Bündel.

Jan, ein Pole wird mein neuer Sawchos. Leicht ergraute Haarstoppeln überziehen seinen Kopf. 50 Jahre ist er vielleicht. Als er mir meine Pritsche zuweist, sind die anderen fast alle zur Arbeit. Erst nach einer Zeit stelle ich mich als Nemez, als Deutscher, vor. Das scheint mir hier Pluspunkte einzubringen, denn fünf der Anwesenden sind Letten. Sie arbeiten alle beim Poroda, dem Gesteinstransport.

Morgen früh beginnt die Schicht. Der Sawchos geht mit mir in die Kleiderkammer, denn für diese Arbeit draußen brauche ich richtige Filzstiefel. Ein freundlicher schnauzbärtiger Alter, Jan nennt ihn Us, den Bärtigen, verpaßt mir ein Paar ganz neue. Dazu noch Fußlappen aus flanellähnlichem Stoff. Draußen merke ich, wie wichtig sie sein werden. Heute herrschen bereits 31 Grad unter Null, der Wind weht eisig vom Polarmeer. Die Pelzmütze über die Ohren heruntergezogen und mit Bändchen unterm Kinn festgebunden, stehen wir am nächsten Tag frierend vor der Wache und warten auf den Durchlaß. Endlich darf unsere Brigade passieren. Wir sind genau 30 Männer. Für den Weg zum Schacht brauchen wir heute sehr viel Zeit. Novemberschnee und der Sturm haben die Wege meterhoch zugeweht. In dieser Jahreszeit sinken die Temperaturen wöchentlich um etwa drei bis fünf Grad. Man kann sich ausrechnen, wann die 50 oder 60 Grad minus erreicht sein werden. Schneestürme springen einen hier plötzlich wie aus dem Nichts an. Wir gehen auf dem Weg zur Arbeit wie bei einer Polarexpedition, einer hinter dem anderen.

Unser Brigadier ist ein Russe, alle rufen ihn Ilja. Zu dritt bilden wir einen Arbeitstrupp. Wir folgen Ilja auf eine Rampe. Hier müssen wir eine schwere Lore mit Abraum beladen und über eine Entfernung von 200 Metern schieben.

Das bei der Kohlegewinnung unter Tage anfallende wertlose Gestein, das mit den Wagonetki aus der Tiefe des Schachtes gezogen wird, muß in die Kipploren umgeladen werden. Dann sind die Schiebetrupps an der Reihe. Mit aller Gewalt stemmen wir uns hinter die Lore. Sie erscheint überdimensional groß; ich komme mir vor wie eine menschliche Lok. Alle Kräfte müssen wir einsetzen, um dieses Ding zu bewegen. Mühsam bewältigen wir die erste Tour. Am Ende der Strecke wird die Lore abgekippt. Das Gestein fällt in einen unterhalb der Rampe stehenden offenen Eisenbahnwagen. Ist der gefüllt, zieht eine Dampflok ihn weg. Angeblich wird der Abraum zum Gleisbau und Straßenbau benötigt. Nicht weit von uns entfernt befindet sich eine riesige Geröllhalde.

Der Brigadier kontrolliert unsere Arbeit nach der vierzehnten abgekippten Lore. Er scheint mit der bisherigen Erfüllung nicht zufrieden zu sein und hebt bedeutsam beide Hände hoch, zeigt fünf Finger der rechten und zwei Finger der linken Hand. 70 Stück! Mir stockt das Herz. Schon jetzt bricht mir fast das Kreuz. Außer dem Brigadier gibt es keine anderen Arbeitsaufseher. Für die Normerfüllung ist er in vollem Umfang verantwortlich. Und da sorgt er schon für das nötige Tempo. Die Bremsen sind unsere nicht vorhandenen Kräfte. Ein teuflischer Kreislauf. Wer seine Norm nicht erfüllt, wird auf Strafration gesetzt. Das ist die Hälfte der üblichen Kost. Ich stelle mir vor, daß man dann schon sehr bald zu geschwächt ist, um überhaupt noch eine annähernde Normerfüllung zu erreichen.

Unser Brigadier aber versteht sein Handwerk ausgezeichnet. Die 70 Kipploren werden von uns zwar nie erreicht, aber immer abgerechnet. Molodjez, Prachtkerl, sagen die Russen. Wie er das anstellt, weiß keiner. Seine Taktik jedoch habe ich sehr schnell mitbekommen. Wenn sich doch mal ein Natschalnik bei uns sehen läßt, schimpft er mörderisch und treibt uns an. So geht ihm der Ruf eines scharfen Aufsehers voraus.

Nach wenigen Tagen habe ich mich trotz der immer mehr zunehmenden Kälte mit den beiden Letten eingearbeitet. Beide sind um das Doppelte älter und fast väterlich zu mir. Durch Pakete, die sie von zu Hause hin und wieder bekommen, sind sie im Besitz von Zusatzverpflegung, die sie immer gerecht verteilen. Auch ich lebe davon.

Bei dieser Arbeit im Abraum ergibt sich mehr Freizeit. Wir sind etwa zwei Stunden weniger unterwegs als unter Tage. Für mich ist das Zeit, in der Küche dazuzuverdienen.

Eines Tages besucht mich Otto. Wie immer hat er Neuigkeiten. Sergej, mein Russischlehrer, wird wahrscheinlich von der Arbeit unter Tage entlassen. Irgend jemand aus der Lagerkommandantur soll dem Antrag stattgegeben haben. Vielleicht hat man sich auch seiner Verdienste im Krieg erinnert. Ich freue mich wirklich für ihn. Jonas und die anderen aus der 9. Schachtabteilung lassen mich grüßen. Sie erhalten seit kurzem eine bessere Verpflegung. Dies soll mit einer allgemeinen Aufbesserung der Rationen für die Bergleute vor Ort zusammenhängen. Sicherlich sind unter den furchtbaren Bedingungen die Verluste zu hoch.

Dann erzählt er noch etwas Interessantes. Schon Anfang Oktober soll in der ehemaligen Sowjetischen Besatzungszone Deutschlands ein eigenständiger deutscher Staat gegründet worden sein. Zeitungen gibt es im Lager nicht, doch seit kurzem haben sie in ihrer Baracke eine Art Lagerfunk. Da hätten sie es gesendet. Genaues allerdings weiß keiner.

Gesteinstransport mit einfachsten technischen Hilfsmitteln

Offiziell darf bei vierzig Grad unter Null nicht mehr gearbeitet werden. Die aber sind innerhalb der letzten Wochen längst erreicht und sogar unterboten. Für die Schachtgewaltigen offenbar kein Grund, die Arbeiten an der Oberfläche einzustellen. So schinden wir uns weiter. Wir schlagen den Kragen des Buschlat, der Wattejacke, hoch und versuchen, wenigstens das Gesicht vor der grimmigen Kälte zu schützen. Es ist so eisig, daß wir die Loren kaum bewegen können. Das Fett an den geschmierten Achsen ist festgefroren, trotzdem müssen wir weitermachen. Ilja, der Brigadier, organisiert ölgetränkte Lappen aus irgendeiner Werkstatt. Damit versuchen wir, die Loren beweglicher zu machen. Angesichts dieser extremen Kältegrade erhalten wir Kopfschützer, aus Wolle gefertigt, maschinengestrickt. Die zieht man über den Kopf; sie bedecken das ganze Gesicht bis auf die Augen, den Mund und die Nase. Ich versuche, das Ding zu tragen, doch der Atem schlägt sich in Form von Eis um die Kinn- und Mundpartie nieder, was die Gefahr von Erfrierungen erhöht. So nutze ich die Kopfschützer als Schal.

Die erfahrenen Letten bringen mir bei, wie man sich bei diesen extremen Kältegraden verhalten muß. Es ist wichtig, sich gegenseitig zu beobachten. Weiße Flecken im Gesicht müssen sofort mit Schnee eingerieben und danach abgetrocknet werden. Auch dazu nehmen sie Kopfschützer oder Schals.

Eines Tages besucht mich schließlich Sergej. Er ist glücklich, der höllischen Arbeit unter Tage entronnen zu sein. In der Kleiderkammer bei dem freundlichen Alten ist jetzt sein Arbeitsplatz. So hat er künftig mehr Zeit, mir wieder Russischunterricht zu geben. Seine Unterkunft hat er nun auch in einer anderen Baracke. Dort ist er mit Strafgefangenen zusammen, die verschiedensten Arbeiten nachgehen. Ein buntes Völkchen. Sogar ein Amerikaner ist darunter.

Täglich ein bis zwei Stunden habe ich nun mit Sergej, um meine Sprachkenntnisse zu verbessern. Ich mache spürbare Fortschritte. Ein wenig kann ich sogar schon schreiben. Der tägliche Umgang mit den russischen Kameraden in der Baracke tut ein übriges. Ich lerne es sogar, zu fluchen. Sergej bemerkt das und lacht darüber. Russisch stünde, was die Schimpfworte angeht, nach dem Arabischen an zweiter Stelle in der Welt, erklärt er mir.

An einem der freien Abende habe ich ein aufschlußreiches Gespräch mit meinem Brigadier. Er ist Sibirjak, stammt aus Omsk. Beim Überfall Hitlerdeutschlands auf die Sowjetunion stand er an der deutsch-russischen Grenze, am Fluß San. Seinerzeit kommandierte er ein Regiment Grenzsodaten. Tage vor der Invasion bemerkte er auf deutscher Seite Anhäufungen

Strafgefangene bei Erdarbeiten

starker Truppenverbände an Panzern, Artillerie und Infanterie. Diese Beobachtungen teilte er seinem vorgesetzten Stab mit. Dennoch tat sich nichts. Sie erhielten keinerlei Verstärkung, die Grenze blieb wie zuvor nur mit wenigen Soldaten gesichert. Seinen Beobachtungen wurde keine Beachtung geschenkt. So sind sie dann durch den gut vorbereiteten Gegner trotz heftigen Widerstandes aus ihren Stellungen geworfen worden. Über schwere Rückzugsgefechte mußten sie den bitteren Weg ins Innere des Landes antreten. Mehrfach wurden sie durch die schnell vorrückenden deutschen Armeen in die Zange genommen und teilweise eingeschlossen. Dabei erlitt seine Einheit Riesenverluste, wurde schließlich völlig aufgerieben. Als einer der wenigen Überlebenden meldete sich Ilja bei einem fremden Armeeoberkommando. Unverzüglich übertrug man ihm hier das Kommando über ein Bataillon motorisierter Schützen. Bis 1944 kämpfte er an den verschiedensten Fronten, war auch am Kursker Bogen im Jahre 43 dabei. Dort erlitten deutsche Wehrmachtsverbände eine vernichtende Niederlage und mußten den Rückzug gen Westen antreten. Gegen Ende des Jahres 1944 verhaftete man Ilja während des Vormarsches der sowjetischen Verbände in Polen. Dreieinhalb Jahre nach dem Überfall auf seine Heimat warfen ihm die Ankläger des Militärtribunals „Feigheit vor dem Feind" wegen des Rückzuges von der Grenze vor. Ohne Beweisaufnahme, kein Zeuge kam zu Wort, verurteilten sie Ilja zu lebenslanger Strafarbeit. Erst vor zwei Jahren ist das Urteil durch Gnadenerlaß Stalins in 25 Jahre umgewandelt worden.

Der Winter mit seinen für uns ungewohnten Kältegraden hält an. Inzwischen ist März und noch immer keine Aussicht auf wärmere Tage. Es gibt jetzt kaum eine Tätigkeit im Freien, die leicht zu nennen wäre. Auch die Männer, die die Zugänge der Baracken täglich freischaufeln müssen, sind nicht zu beneiden. Die Unterkünfte sind bis an die Schornsteine zugeweht. Wir bewegen uns ständig auf der Höhe der Dachfirste und steigen zu den Eingängen hinunter. Bei denen, die Schnee räumen, die Strafgefangenen in der Perewelka, treffe ich auch zwei ältere Deutsche. Offensichtlich sind sie gesundheitlich so beeinträchtigt, daß bei ihnen nicht einmal mehr die Anordnung verwirklicht werden kann, Deutsche mit den schwersten Arbeiten zu belegen.

Zum Kreis der Schneeschaufler gehören auch die beiden Jugoslawen Franz und Petr, der Pole Leszek und zwei Rumänen aus Moldawien. Letztere haben nach dem Anschluß ihrer ehemaligen rumänischen Heimat an die UdSSR den Armeedienst verweigert. Dafür kassierte jeder 20 Jahre Straflager.

Materialtransport über Tage auf Holzschienen. In den meisten Fällen mußten Strafgefangene die Wagen ziehen.

Fedja, ein Wolgadeutscher, gehört ebenfalls zu der Brigade. Seine Vorväter kamen aus Schwaben nach Rußland, siedelten im Wolgagebiet und es ging ihnen nicht schlecht. Als Hitlerdeutschland die Sowjetunion überfiel, wurden die Deutschen dieses Rayons als mögliche Spione betrachtet. Zwangsweise sind sie nach Kasachstan umgesiedelt worden und mußten dabei Haus und Hof zurücklassen. Die jungen Männer sollten zunächst Armeedienst leisten, durften aber letzten Endes keine Soldaten werden. Sicher spielte fehlendes Vertrauen zu ihnen eine Rolle. Im Zuge der Umsiedlung hatte Fedja eine handgreifliche Auseinandersetzung mit einem Staatsbeamten. Das reichte für eine Verurteilung zu zehn Jahren Arbeitslager. Er zählt damit nicht zu den politischen Strafgefangenen unseres Lagers, sondern gehört zu den Kriminellen. Einer der wenigen, die es hier noch gibt. Fedja ist seit 1943 in Workuta.

Im Alltag der Arbeit vergeht die Zeit. Immer wieder lerne ich bei meinen Streifzügen durch das Lager neue Leute kennen. Einer von ihnen ist Leo. Lange vor 1933 gehörte er schon der Sozialdemokratischen Partei an. In den Jahren bis zum Ende des Krieges war er im Untergrund, entrann oftmals um Haaresbreite den Häschern der Nazis. 1946 hat er sich der Vereinigung von KPD und SPD nicht verschlossen. Die war seiner Meinung nach ein guter Beginn auf dem Weg zu einer wirklichen Sozialgemeinschaft – und den wollte er ganz bewußt mitgehen. Als Chefredakteur eines Rundfunksenders in der Sowjetischen Besatzungszone nutzte er alle ihm zur Verfügung stehenden Mittel und Möglichkeiten zur Umsetzung dieser Ideen.

Doch schon bald merkte er die Absicht einiger führender Leute der SED, die früher der KPD angehört hatten und aus dem sowjetischen Exil gekommen waren, diese Partei außerhalb jeglicher demokratischer und parlamentarischer Kontrolle zu stellen. Über die Köpfe gewählter Volksorgane, der Regierung, der Gewerkschaft und des überparteilichen Jugendverbandes hinweg wurde selbstherrlich und zum eigenen Vorteil bestimmt.

Leo war stets gegen den Eingriff der Partei in die demokratisch verbürgten Rechte des Volkes gewesen. So nutzte er seine Position, um gegen diesen „Filz" anzutreten. Das bekam ihm schlecht: Maßregelung, Abberufung von seiner Funktion und schließlich die Verhaftung.

Die sowjetischen Sicherheitsorgane hatten ihn in einer Nacht- und Nebelaktion verhaftet, über viele Monate hinweg mit unaufhörlichen nächtlichen Verhören gequält und schließlich wegen antisowjetischer und antisozialistischer Tätigkeit zu 25 Jahren Straflager verurteilt.

Wieder im Schacht

Wieder werde ich der Chefärztin vorgestellt. Die Genossin Major entscheidet: „Der Strafgefangene 1-R-133 ist für die Arbeit unter Tage tauglich". Auf eigenen Wunsch komme ich in die 9. Schachtabteilung zurück. Obwohl ich mich darüber freue, denke ich doch mit Grauen daran, daß ich jetzt, wo es draußen endlich wieder wärmer wird, zurück muß unter die Erde.

Die Neuigkeiten erfahre ich schon in der ersten Stunde. In der Nachbarbaracke, sie gehört zum 7. Schacht, haben die Lagerorgane zugegriffen. Dort sind Polen, die im Krieg auf alliierter Seite gekämpft hatten, zahlreiche Letten, Litauer und Esten untergebracht. Auch Strafgefangene irakischer, iranischer, französischer, italienischer und mongolischer Herkunft gehören zu diesem Völkergemisch. Unter ihnen auch Geistliche; katholische Pfarrer aus Litauen, evangelische aus Lettland und russische orthodoxe Priester. Religiöse Handlungen aber sind in Workuta streng untersagt. Sie kommen einem Verbrechen gleich. Dennoch treffen sich Gläubige oft heimlich. Durch einen Verräter war bekannt geworden, daß sich Gefangene aus dieser Baracke in einem verlassenen Stollen einen Altar geschaffen hatten und heimlich Gottesdienste abhielten.

Die Wachmannschaften griffen sofort zu. Es fiel ihnen nicht schwer, die geistigen Anführer zu finden. Acht Tage Isolator! Dabei gibt es Wachposten, die über so etwas hinwegsehen und Religion tolerieren. Auf Denunziationen jedoch müssen sie reagieren. Sonst sind sie am Ende selber dran. Dann greifen die Sicherheitsorgane ein.

Es herrscht eine traditionelle Feindschaft zwischen den Außenposten und den Beamten des MWD, die innerhalb des Lagers eingesetzt sind. Gurewitsch sprach daüber einmal mit einem Außenposten, der ihm dazu sagte: „Die vom MWD bekommen ein Vielfaches unseres Gehaltes. Für die ist Kino da, die dürfen Wodka trinken und Weiber haben sie auch. In unseren Baracken leben wir selbst wie Gefangene."

Die Spannungen am Ende des langen Winters nehmen zu. Otto berichtet von einem weiteren Vorfall. In der 6. Schachtabteilung hat sich ein Russe unter Tage mit dem Spaten die linke Hand derart zugerichtet, daß sie amputiert werden muß. Wenn er aus dem Lagerkrankenhaus entlassen wird, erwartet ihn ein Prozeß wegen Selbstverstümmelung. Erfahrungsgemäß erhält der so Angeklagte seine bisher verbüßte Strafe noch einmal auferlegt.

Bereits am nächsten Tag beginnt meine Frühschicht. Ich bin der Abbaubrigade zugeteilt und quäle mich wieder die Treppen hinunter. An meiner

Seite arbeitet heute ein Riese aus Mordwinien. Er ist wirklich gut bei Kräften. Das liegt wohl auch daran, daß er verhältnismäßig viele Pakete von zu Hause bekommt. Selbstverständlich teilt er genau wie die anderen. Seine Zuversicht und Vitalität tut allen hier gut, denn die Arbeit im Streb ist unwahrscheinlich hart. Die Kohleflöze messen an der höchsten Stelle 80 Zentimeter und an der niedrigsten 60. Nach dem Sprengen liegt man seitlich neben der Schüttelrutsche. Mit einem kurzen Feldspaten wird die Kohle auf das Gerät geschaufelt und dann mittels ruckartiger Bewegungen weitertransportiert. Auf dem weiteren Weg nach oben wird die Kohle beim Abschütteln auf ein Transportband zum ersten Mal überprüft und vorab eingestuft. Auch diese Arbeit machen Gefangene. Es sind Männer, die nach jahrelanger Arbeit unter Tage große Fachkenntnisse erworben haben.

Nach der Einarbeitung im Schacht – es ist inzwischen Juni 1950 – werde ich eines morgens nach der Nachtschicht von lauten Geräuschen geweckt. Neue sind da, eben aus der Peresylka gekommen. Während Jonas sie einweist, blicke ich wie gebannt auf einen der Ankömmlinge. Natürlich, das ist Heinz aus Weißensee. Er ist Gastwirt und besitzt ein Lokal in meinem Kiez. Zudem ist er ein guter Bekannter meiner Schwiegereltern. Sofort bestürme ich ihn mit Fragen nach daheim, will wissen, seit wann er inhaftiert und wie er hierher gekommen ist. Auch er saß in der Weißenseer Metzstraße, legte fast die gleichen Stationen zurück wie ich. Nun frage ich nach meiner Frau und dem Jungen. Nur zögernd gibt er Antwort. Keiner wußte, was mit mir geschehen war. Es gab damals keine einzige Spur, keine Erklärung für mein Verschwinden an diesem 9. Oktober 48. Betroffen erfahre ich, daß sich Ruth bald einen anderen Mann gesucht hat, mit dem sie nun zusammenlebt. Ich kann es einfach nicht glauben, bis ich einsehen muß, daß Heinz wohl doch die Wahrheit sagt. Es sind schreckliche Augenblicke für mich.

Um nicht an die eigene verzweifelte Situation zu denken, frage ich Heinz nach seinem Fall. Bei ihm im Lokal waren ab und zu Russen eingekehrt. Einer von ihnen soll angeblich sein Land verraten haben und in den Westen gegangen sein. Heinz wird Vermittlung und Mitwisserschaft nachgesagt. Natürlich ohne jeden Beweis. Das Fernurteil der Troika: 10 Jahre Straflager.

Mit ihm kamen drei andere Deutsche. Horst aus Cottbus wurde wegen angeblicher Spionage zunächst zum Tode verurteilt und später zu 25 Jahren begnadigt. Der zweite Mann heißt ebenfalls Horst und stammt aus Meiningen in Thüringen. Er soll 25 Jahre wegen Feindtätigkeit abbüßen.

Der letzte ist ein Hochschullehrer aus Freiberg in Sachsen. Er lehrte an der Bergakademie Technologie des Hüttenwesens. Man beschuldigt ihn, den Franzosen geheime Unterlagen über den Uranbergbau aus dem Wismut-Gebiet zugespielt zu haben. Dabei hatte er offizielle Fachgespräche geführt.

Der zweite Zusammenbruch

In der zweiten Junihälfte sind die Tage länger. Die Sonne ist auf einmal wieder da und erwärmt spürbar die Luft. Ich beobachte in den folgenden zwei Monaten eine Natur, die mir völlig fremd ist. Der Schnee schmilzt in wenigen Tagen bei Temperaturen um die 20 Grad plus. Das Tauwasser kann gar nicht so rasch abfließen und in die Erde versickern. Es überschwemmt das gesamte Lager und verwandelt es in einen riesigen Morast. Gehsteige werden unter dem Schnee sichtbar. Es sind auf Holzpflöcken liegende kurze Bretter, die ein wenig über diesen Sumpf hinausragen. Tritt man daneben, versinkt man knöcheltief.

Mit dem abfließenden Wasser taut die Erde auf. In dem kurzen Polarsommer jedoch nur etwa 90 Zentimeter. So bildet sich an der Oberfläche eine schwappende Plattform. Wenn sie abtrocknet, entstehen Risse, die mitunter mehrere Zentimeter breit sind. Die Landschaft ähnele einer Wüste, meint Jonas, die nach ausgiebigen Regenfällen von der Sonne ausgetrocknet worden ist.

Erstmalig erlebe ich am Polarkreis die Mitternachtssonne. Sie scheint wirklich fast 24 Stunden, und neigt sich lediglich zur Hälfte der Nacht etwas dem Horizont entgegen. Nach den endlos langen Wintermonaten, an denen sie nie aufgeht, und dem ewigen Dunkel im Schacht kommen mir die wärmenden Strahlen wie ein Geschenk vor. Es ist egal, ob man aus der Tag- oder Nachtschicht kommt, ein Sonnenbad kann man fast zu jeder Zeit nehmen. Allerdings ist größte Vorsicht geboten. Die Strahlung ist hier sehr stark, in den Höhenlagen Workutas hat man schnell einen gefährlichen Sonnenbrand.

Aber selbst während der Sommermonate empfindet man die ganze Trostlosigkeit dieser Region. Kein Baum weit und breit, nirgends ein Strauch. Im gesamten Umkreis, auch außerhalb der Lagerzone, nur das herbe Grün der Tundra. Es sind Moose, von denen sich die Rentiere der Komi ernähren.

Diesem Sommer folgt ein Winter, der noch härter ist als der vorige. Es herrschen 60 Grad Minus.

Die Zeit vergeht schleppend. Im Abstand von drei bis sechs Monaten kommen größere Transporte oder auch kleinere Gruppen Strafgefangener bei uns an. Wir Deutsche bilden nun schon eine eigene Kolonie, treffen uns hin und wieder zu Gesprächsrunden. Eine andere Beschäftigung gibt es kaum. Es ist ja auch wenig freie Zeit, die jedem bleibt. Und da muß man sich von den Strapazen der täglichen Arbeit erholen.

Im Juni 1951 erscheint eine Bergbaukommission aus Moskau. Wir nehmen zuerst an, unsere Arbeitsbedingungen und unsere Lebenssituation seien Gegenstand ihrer Untersuchungen. Doch weit gefehlt. Noch während ihrer Anwesenheit im Lager und vor allem nach der Abreise zieht das Regime im Schacht spürbar an. Otto hat von Gurewitsch gehört, die Regierung sei mit den Fördererergebnissen in Workuta nicht zufrieden. Sie verlangt, noch mehr Schachtabteilungen zu erschließen. Dem muß man nun gerecht werden. Neue Unterkünfte müssen her. So werden in diesem Sommer kurzfristig weitere Baracken gebaut. Nachschub an Gefangenen ist offenbar ausreichend vorhanden.

1952 entschließt sich das sowjetische Innenministerium, als Ansporn für überdurchschnittliche Arbeitsleistungen einen kleinen Sold zu gewähren. Den gibt es in Form von Gutscheinen, die in einem Larjok, dem Lagermagazin, eingelöst werden können. Zweifellos ein geschickter Schachzug, denn infolge von Unterernährung, sich häufender Selbstverstümmelungen und der um sich greifenden Apathie ist die Kohleförderung erheblich zurückgegangen. Und das trotz neu zugeführter Strafgefangener. Die Rubel-Gutscheine sollen dem Lagerleben einen Anstrich von Zivilisation geben. Das Lockmittel hat sogar einen gewissen Erfolg. Wir erfahren aus der Planabteilung, daß die Kohleförderung in letzter Zeit um etwa 20 Prozent gestiegen ist. Auch unser Utschastok hat Anteil daran, und so bekommen wir nach abgerechneter Arbeitsleistung in Abständen Gutscheine in Rubelwerten. Es handelt sich um kleine Beträge bis zu 30 Rubeln etwa, aber immerhin. Sie reichen zum Kauf von geringen Mengen Tee, Margarine oder Zucker als Zusatzverpflegung. Diese insgesamt doch etwas besseren Bedingungen haben aber noch andere Folgen. Halbverhungerte besitzen kaum den Mut und die Kraft zum Widerstand. Jetzt aber wächst wieder die Menschenwürde, entstehen kritische Haltungen zur täglichen Umwelt. Wir alle haben genug von diesen unzumutbaren, unerträglichen Bedingungen, denen wir täglich im Lager ausgesetzt sind. Die jahrelange Eintönigkeit und Hoffnungslosigkeit verschärfen die Lage zusätzlich.

Zu diesem Zeitpunkt erleide ich im Schacht aufs neue einen Schwächeanfall. Noch während der Tagschicht bringt man mich nach oben. Ich muß wieder zu Dr. Petrow auf die Station und verbringe mehrere Wochen im Lagerkrankenhaus.

Die Eisenbahnerbrigade

Die Ärztekommission, diesmal ohne „Genossin Major", entscheidet nach meiner Genesung: Strafgefangener 1-R-133 ist schachtuntauglich. Nach dreijährigem Russischunterricht verstehe ich sofort; ich werde künftig in einer Eisenbahnerbrigade arbeiten. So ziehe ich wieder um, melde mich in Baracke 15 beim Sawchos Schawlikadse, einem Georgier. Nachmittags lerne ich auch den Brigadier kennen. Es ist Wassja, ein Kirgise. Er macht mich gleich mit einem weiteren Arbeiter der Brigade bekannt: Fedja Naumow. Jetzt höre ich mit Erstaunen, daß die gesamte Brigade nur aus dem Brigadier und zwei Arbeitern besteht.

Wassja ist kein Feind der Deutschen, das merke ich sofort. Als Soldat der Roten Armee geriet er 1941 in deutsche Kriegsgefangenschaft. Er ließ sich für die ROA, die sogenannte Russische Befreiungsarmee, anwerben und kämpfte dann gegen die Sowjetunion. Als Kollaborateur nahmen ihn die sowjetischen Behörden 1945 fest. Ein Militärtribunal verurteilte ihn zu lebenslanger Strafhaft. Er ist unbestreitbar gegenüber seinem Land schuldig geworden. Doch für ihn wie für andere Mittelasiaten, die ich bisher im Lager traf, ist die Sowjetunion nicht die eigentliche Heimat. Sie stehen diesem Staatengebilde feindlich gegenüber.

Die lebenslänglich Verurteilten tragen ihre Kennummern an der Kopfbedeckung. auf dem Rücken der Oberbekleidung und auf dem rechten Hosenbein.

Wassja weiht mich in die Aufgaben der Brigade ein. Grundsätzlich arbeiten wir nur in der Tagschicht. Wir haben im Winter in der Arbeitszone die Weichen für die Abfertigung der Kohlenzüge schneefrei zu halten. Sie müssen jederzeit funktionieren. Das hört sich leicht an, ist aber bei Schneestürmen, Eis und Kälte keine einfache Aufgabe. Ich warte ab, was der erste Arbeitstag bringt. Gleich nach dem Frühstück passieren wir die Wache, gehen etwa einen Kilometer weit bis zu einem Schuppen. Mollig warm ist es hier. Ein Mann hockt vor dem Kanonenofen. Bei genauem Hinsehen erkenne ich im Schein der offenen Feuerklappe einen Asiaten. Er trägt volles schwarzes Haar, ist also ein freier Arbeiter. Wassja sagt, er sei der Chef der Kohlengüter-Abfertigung des 8. Schachtes. Freundlich klopft mir der Mann auf die Schultern und unterhält sich temperamentvoll mit Wassja in einer fremden Sprache. Anschließend weist uns der Brigadier in unsere Aufgaben ein.

Mehrere Stunden arbeiten wir nun draußen im Schnee. Die Weichen sind verweht. Mittags wärmen wir uns im Schuppen auf. Es ist so gut geheizt hier drin, daß der Buschlat, die lange Wattejacke, ausgezogen werden kann.

Mustafa, so heißt unser Chef, reicht uns Brot, Zwiebeln und ein kleines Stück Käse. Dazu gibt es Tee und ein Stück Zucker. Nach diesem Mittagessen dreht er sich eine Zigarette. Der Rauch duftet sonderbar. Nicht unangenehm, aber eigenartig. Nur Wassja und Mustafa rauchen. Danach sind sie auffallend rege, lachen und unterhalten sich laut in ihrer Sprache. Fedja flüstert mir bedeutungsvoll das Wort Plan zu. Ich zucke die Schultern. Erstaunt blickt er mich an und schweigt.

Erst später, draußen bei der Arbeit, erfahre ich von ihm, daß Plan eine Art Rauschgift ist, dem Haschisch ähnlich. Man raucht es in kleinen Prisen mit Tabak versetzt.

Erstmalig nach drei Jahren Workuta sehe ich, wie die Kohlenzüge abgefertigt werden. Kurz vor der Ausfahrt aus dem Lagertor wird die Steinkohle auf den oben offenen Waggons mit weißem Kalk bestreut, das soll Diebstählen vorbeugen. Anschließend durchstoßen Soldaten mit langen, spitzen Stangen in kleinen Abständen die Ladung. Sollte sich ein Strafgefangener darunter versteckt haben, er würde mit Sicherheit durchbohrt werden.

Es soll Fälle gegeben haben, in denen sich Gefangene vorm Beladen Hohlräume geschaffen hatten, um so zu fliehen.

Die Arbeit in der Brigade gefällt mir. So kann man bestimmt überleben. Mustafa bringt fast täglich zu essen mit. Auch im Lager hat sich in den drei vergangenen Jahren viel geändert. Gurewitsch hat übrigens recht behalten, das Kulturhaus und die Bibliothek gibt es bereits. Sogar Theateraufführungen finden statt. Die Schauspieler sind ausschließlich Männer; sie spielen auch die Frauenrollen. Fedja überredet mich, zu einer Aufführung mitzukommen. Sie spielen irgendein heiteres Stück und alles johlt und schlägt sich auf die Schenkel. Ich sitze entgeistert da und vermag nicht zu lachen.

Verlegen von Schienen zu einer Abraumhalde

Versetzung zum Straßenbau

Ende 1952 werde ich eines Tages auf die Kommandantur gerufen, wo man mir mitteilt, daß ich versetzt werde. Für mich kommt diese Nachricht wie aus heiterem Himmel. Auch Otto, Jonas und der Brigadier sind überrascht. Schon am nächsten Morgen holt mich der Posten ab; nicht einmal von den Freunden kann ich mich verabschieden. Mit einem LKW geht es wieder einem unbekannten Ziel entgegen. Erst bei der Ankunft erfahre ich von Gefangenen, wo ich bin: im 1. Schacht.

Die ersten Tage verbringe ich in einer Quarantäne-Baracke. Sie ist eingezäunt; nur ein unbewaffneter Soldat steht am Durchgang. Eigentlich geht es uns hier nicht schlecht. Gearbeitet wird nicht, wir bekommen dennoch die nötige Verpflegung, es gibt auch einen Waschraum. Einzig Schnee müssen wir in diesen Tagen viel schaufeln. So kurz vor Weihnachten schneien die Hütten fast in jeder Nacht ein.

Wie gewohnt wählen wir uns unseren Barackenältesten. Es ist ein 54jähriger Musikwissenschaftler, der seit 1947 in Workuta gefangen ist. Wegen seines schlechten Gesundheitszustandes kann Walentin nicht mehr unter Tage arbeiten. Während des Krieges kam er bis Prag. Hier berief man ihn zum Kulturoffizier in der Militärverwaltung. Walentin erhielt den Auftrag, das kulturelle Leben des besetzten Gebietes in Gang zu bringen. Dabei ergaben sich natürlich auch Kontakte zu tschechoslowakischen Kulturschaffenden. Die aber standen nicht immer hinter den Zielen der Besatzungsmacht. So hatte Walentin viele Konflikte zu klären; er versuchte es immer im Interesse der Betroffenen. Dem Chef paßte das nicht, seine Kulturpolitik war ihm zu „unpolitisch", den Zielen der kommunistischen Gesellschaft zu wenig angemessen. Es gab immer häufiger Auseinandersetzungen, bis sich ein offener Streit nicht mehr vermeiden ließ. Für Walentin hatte er böse Folgen. Verhaftung, Anklage wegen konterrevolutionärer Umtriebe, Verurteilung zu 10 Jahren Lager. In einer solchen Situation zählt nichts mehr; keine Kriegsauszeichnungen, keine schweren Verwundungen.

Wo nicht einmal höchste Verdienste um das eigene Land von Wert sind, was zählt schon der eizelne Mensch mit seinen charakterlichen Eigenarten und seinen moralischen Qualitäten. Auf einer solchen Basis kann die Freiheit des Einzelnen nur ein Hohn sein.

Denke ich an die Gespräche im Antifa-Lager zurück, die ich doch in diesem Land geführt habe, so frage ich mich, ob das Ziel der kommunistischen Gesellschaft nicht doch eine unerreichbare Utopie bleibt.

Abraumhalden am Rande des Bergwerks

Überall wird plötzlich aufgeräumt. Hoher Besuch hat sich angesagt. MWD-General Derewjanko, der Chef von Workuta will die Lager inspizieren. Die Stimmung in unserem Gebiet ist ihm wohl nicht verborgen geblieben. Gegen Stalin richtet sich die Wut der Gefangenen. Jeder von uns hat das Gefühl, Stalin persönlich habe ihn eingekerkert. Und der Zorn der Gefangenen über die Willkür im Strafvollzug richtet sich natürlich gegen ihre Peiniger.

Der General will sich also die Lager ansehen! Keiner der MWD-Offiziere hat sich bisher um Forderungen der Strafgefangenen gekümmert. Auch jetzt bekommt kein Strafgefangener die Möglichkeit, mit dem General zu sprechen, geschweige denn, eine Beschwerde vorzubrigen.

Die Quarantänezeit ist verstrichen. Ich bin der Straßenbauabteilung zugeteilt. In der 12. Baracke weist mir der Sawchos einen Platz im hinteren Teil zu. Blitzsauber ist die Unterkunft. Etwa 30 Männer zählen zur Abteilung. Ein ehemaliger Pionier-Offizier ist unser Chef. Wegen irgendwelcher Vergehen wurde er nach Workuta strafversetzt, Häftling war er nie. Der erste Vorgesetzte für mich, der ein Freier ist. Deshalb muß er mit Grashdanin Natschalnik angeredet werden, Bürger Vorgesetzter.

Nun gehöre ich mit einem freundlichen Russen zur Besatzung eines Baggers. Wir müssen während der gesamten Schicht LKW-Kippfahrzeuge mit Abbaugestein aus der Schachtförderung beladen und arbeiten dazu direkt an der großen Halde. Wasja Zyganok, Zigeunerchen, heißt mein Partner. Er arbeitet schon längere Zeit hier und ist eingefuchst.

Unser Bagger hat ein kräftiges Dieselaggregat, das erst durch einen kleinen Benzinmotor in Gang gesetzt werden muß. Wolodja, der Baggerführer, übergibt mir zwei rote Fähnchen, damit weise ich die Fahrzeuge ein, die zwischen Halde und Baustelle pendeln.

Die Bezeichnung „Straßenbau" ist vielleicht hochgestapelt. Wie die anderen Kameraden berichten, schaufeln sie große Mengen Schnee beiseite, müssen hartgefrorene Stellen aufhacken und bis zum Tundraboden vordringen. Auf die so geräumte Stelle kippen die Fahrzeuge ihre Ladung ab. Gefangene müssen sie anschließend planieren. Zum Schluß fährt eine motorgetriebene Walze darüber. Das ist der ganz Straßenbau. Die so gebauten Straßen jedoch sollen vor allem im Frühsommer, während der Schneeschmelze, befahrbar sein.

Zu den Kraftfahrern haben wir ein gutes Verhältnis. Ihr Lohn hängt auch von uns ab, und so arbeiten wir Hand in Hand. Über Wasja und Wolodja werden manche Gefälligkeiten abgewickelt. Ein System des gegenseitigen Nehmens und Gebens. Eines scheint mir sicher, mit der Anzahl der Fuhren wird spekuliert. Unsere Norm ist sehr hoch, wir erfüllen sie immer mit einem geringen Plus. Das gibt gutes Essen und die begehrten Rubelgutscheine. In der Baracke ist sogar ein Hauch Gemütlichkeit spürbar. Einfache Decken liegen auf den stets blankgeputzten Tischen. Ein tüchtiger Sawchos mit seinem Helfer sorgt dafür. Generell scheint mir dieses Lager besser organisiert und geführt zu sein. Jede Baracke hat einen Lagerfunk; da kann man manchmal Nachrichten und Musikprogramme hören. Selbst eine bescheidene Bibliothek gibt es. Zweimal in der Woche können Bücher getauscht werden. Davon mache ich kräftig Gebrauch.

Obwohl unser Lager zur ersten Kategorie der Regime-Lager gehört, also unter verschärften Bedingungen geführt wird, geht es hier humaner zu als an anderen Orten. Vieles hängt von der persönlichen Einstellung der Lagergewaltigenen zu den Gefangenen ab.

Unruhen nach Stalins Tod

In den Lagern gärt und brodelt es. Die Unzufriedenheit der Strafgefangenen wird trotz der kleinen Verbesserungen immer offener. Eines Tages bringt Wolodja eine „Prawda" mit. Wasja verbirgt sie sorgfältig, in der Unterkunft wollen wir sie gründlich lesen. Ob das erlaubt ist, weiß ich nicht, aber meine Kameraden werden wissen, was sie riskieren können.

Ich lese aufmerksam, Zeile für Zeile. Nachrichten über bedeutende Erfolge in Industrie, Landwirtschaft, Kunst und Kultur. Irgendein Plenum der Partei soll stattfinden. Dazu gibt es offensichtlich im ganzen Sowjetland rege Vorbereitungen. Auf allen Seiten strotzt das Blatt nur so von Zustimmungserklärungen einzelner Personen und Kollektive. Sie berichten über ihre Erfolge, sind stolz und drücken der Partei- und Staatsführung in vielen Zuschriften ihr unbegrenztes Vertrauen aus.

Diese Kluft zwischen der Parteisprache und unserem Alltag in Workuta heizt die Stimmung noch an.

Die meisten Neuigkeiten über die allgemeine Unzufriedenheit bei den Strafgefangenen bringen uns die Kraftfahrer und Wolodja mit. Auch die Freien stehen den täglichen Arbeits- und Lebensbedingungen nicht mehr kritiklos gegenüber. Ihr Lohn ist dürftig, die Wohnbedingungen sind katastrophal.

Wolodja läßt mich zum ersten Mal auf den Sitz des Baggers. In einer Arbeitspause der Kraftfahrer darf ich es versuchen. Die Funktionen der wenigen Hebel und Kontrollgeräte kenne ich längst. Wolodja ist zufrieden mit mir. Von nun an darf ich täglich für einige Zeit die LKWs beladen. Mich wundert, daß niemand, nicht einmal der Chef, nach einem Erlaubnisschein für mich fragt. Wo doch hier auf Schritt und Tritt Papierchen und Dokumente benötigt werden. Aufmerksam beobachtet mich Wolodja bei der Arbeit und gibt acht, daß ich keinen Fehler mache. Seine Gegenwart macht mich sicherer.

In den Arbeitspausen hocken wir im Warmen. Dann rauchen Wassja und Wolodja ein paar Züge aus ihren selbstgedrehten Zigaretten. Auch Plan ist beigemengt, das rieche ich. Wahrscheinlich ist das Leben mit Rauschgift leichter zu ertragen. Mir bieten sie einige Züge an, und obwohl es mich schon reizt, lehne ich ab.

Das selbständige Arbeiten tut gut. Es gibt verloren geglaubtes Selbstvertrauen zurück. Daran kann auch die eisige Kälte nichts ändern. Das Handhaben des Baggers ist übrigens keineswegs ungefährlich. Vor allem muß ich darauf achten, nicht zu weit in den Berg vorzustoßen. Zum einen kann bei zu tiefer Aushöhlung die Halde einstürzen und die Arbeiter verschütten. Zum anderen weiß ich aus mehrwöchiger Erfahrung, daß das Gestein um so gefährlicher reagiert, je weiter man an einer Stelle vorstößt. Die Gesteinsbrocken sind mit Kohlenstaub und vielen kleinen Kohlestücken durchsetzt. Irgendwann entzündet sich dieses Gemisch an der Luft, setzt sich bis ins Innere der Halde fort und entwickelt solche Hitze, daß das Gestein total ausglüht. Gerät man an so eine Stelle, ist äußerste Vorsicht geboten und der Rückzug muß sofort angetreten werden.

Wir schreiben Februar 1953. Die Freien erzählen, Stalin sei schwer erkrankt. Ich nehme die Nachricht hin, ohne ihr Beachtung zu schenken. Sicher funktioniert der Parteiapparat auch mit einem kranken Generalsekretär reibungslos weiter.

In Workuta vergeht ein Tag wie der andere. Nur die Russen und Ukrainer unter uns meinen, wenn Schnauzbart nicht mehr sei, würde sich einiges ändern. Ich glaube nicht an solche Spekulationen.

Der 6. März 1953. Aus schnarrenden Lautsprechern verkündet Radio Moskau die Spitzenmeldung des Tages: Stalin ist am Tag zuvor verstorben!

Die Arbeit geht normal weiter. Doch plötzlich sehen wir uns inmitten kohlegeschwärzter Bergleute. Sie haben sich zusammengerottet, Fäuste erheben sich, Rufe gellen. Neben mir schreit jemand:

„Der hat viel zu lange gelebt, der Hund."

Ein älterer Bergmann ist in meiner unmittelbaren Nähe. Er sinkt auf die Knie und betet: „Gott, ich danke Dir, daß Du Dich in unserem Elend

Der heutige Eingang zum 8. Schacht. Er wurde in den Jahren 1950 bis 1952 von Sträflingen erbaut. Darunter: Der 1972 errichtete Förderturm des 8. Schachtes

erbarmst." Kein Vorgesetzter ist zu sehen. Niemand stellt die Bergleute zur Rede. Sie haben immerhin vorzeitig die Schicht abgebrochen und den Schacht verlassen. Sind das schon Anzeichen von Arbeitsniederlegung, oder ist es lediglich die Freude über den Tod des Tyrannen?

Bei der Torkontrolle läßt sich kaum ein Posten sehen. Wir passieren die Wache ohne die üblichen Namensvergleiche.

Abends höre ich von anderen, daß die Nachtschicht zwar eingefahren ist, die Kameraden aber große weiße Fetzen als symbolische Leichentücher mit sich führen. Die Posten sollen weggesehen haben. In einem stillgelegten Stollen hat eine geheime Versammlung stattgefunden.

Am 9. März ruht für fünf Minuten die Arbeit. Stalin wird in Moskau beigesetzt. Unterdessen greifen bei uns die Unruhen um sich. Wie ein Lauffeuer geht es von Unterkunft zu Unterkunft. Irgend etwas ist im Gange, Gerüchte überschlagen sich. Im Kreml, sagt man, seien Machtkämpfe ausgebrochen. Es wird sogar gemunkelt, mit Sicherheitschef Berija, einem der engsten Vertrauten Stalins, stimme etwas nicht. Das ist für uns von besonderem Intersse, denn dieser Mann ist für das Schicksal von Millionen Strafgefangenen und politisch Verfolgten verantwortlich.

Wem man auch begegnet, alles frohlockt über Stalins Tod. Auch die Freien, selbst meist ehemalige Strafgefangene oder Zwangsumgesiedelte, sind hoffnungsvoll.

Der Lagerfunk vermeldet, daß Malenkow, ein Mann der ersten Reihe um Stalin, Ministerpräsident wird. Die Meinungen darüber, was sich nun ändern wird, gehen auseinander. Ich kann die Erwartungshaltung der anderen nicht teilen. Es muß sich erst zeigen, ob wirklich Veränderungen eintreten.

Neue Gerüchte gehen um. Man spricht nun von einer möglichen Amnestie. Genaues weiß keiner. Am letzten Märztag ruft man mich am Abend in die Lagerkommandantur. Ein Oberstleutnant des MWD fragt:

„Wie fühlen Sie sich gesundheitlich?"

In meinem Kopf arbeitet es. Was soll ich ihm sagen? Die Lagerjahre haben mir beigebracht, nicht jede Frage sofort zu beantworten.

Erkläre ich ihm, daß es mir gut geht, wandere ich vielleicht in den Schacht. Behaupte ich aber, mir ginge es nicht gut, kann es passieren, daß ich bei einer eventuellen Entlassung in die Freiheit aufgrund eines Gnadenerlasses nicht berücksichtigt werde. Ausweichend antworte ich:

„Na ja, so einigermaßen."

Er macht Notizen, fragt weiter nach meinen Personalien, vergleicht sie mit dem Aktenordner, nickt bestätigend.

Dann die nächste Frage:

„Haben Sie Beschwerden gegen ihre Behandlung während der Zeit im Strafvollzug vorzubringen?"

Hier muß ich mit der Antwort nicht lange zögern. Aus Erfahrungen der Vorjahre weiß ich, daß Beschwerden solcher Art nichts einbringen. In den meisten Fällen verschlimmert sich nur die eigene Lage.

„Meine Behandlung war korrekt."

Damit gibt er sich zufrieden. Wohlwollend erklärt er mir, daß ich ab sofort nicht mehr zur Arbeit gehen müsse. Ich solle mich bis auf weiteres in meiner Unterkunft aufhalten. Damit bin ich entlassen.

Die Kameraden in der Baracke bestürmen mich mit Fragen und wollen Näheres wissen. Sie sind der festen Meinung, daß ich bald wieder nach Hause könne.

Transport an die Westgrenze

Schon am nächsten Tag werde ich von Kopf bis Fuß neu eingekleidet und trage ab sofort keine Gefangenennummer mehr. Noch am Nachmittag gehe ich wirklich mit einigen anderen Deutschen auf Transport. Ein geschlossener Lastwagen bringt uns in die Peresylka. Hier endlich treffe ich viele Freunde der zurückliegenden drei Jahre wieder, sogar solche, die ich noch aus Lichtenberg und Sachsenhausen kenne. Wir dürfen uns nun völlig ungehindert im Lager bewegen; offensichtlich werden wir kaum noch bewacht. Lediglich die Außenposten tragen Pistolen. Das Essen ist reichlich und gut. Sogar Gemüse gibt es, Fleisch und Fisch.

Einer der Transporte brachte auch Frauen ins Lager. Sie mußten in Workuta genauso schuften wie wir. Sie sind zwar durch einen Maschendrahtzaun von uns getrennt, aber wir können uns mit ihnen unterhalten. Nach wenigen Tagen scheint der Transport komplett zu sein; 700 Männer und Frauen sind aus vielen Lagern zusammengeholt worden. Nun wartet ein Zug auf uns, der mit dem Viehtransport der Herfahrt nicht zu vergleichen ist. Die Waggons sind nicht mit Stacheldraht gesichert, innen sehr sauber, mit richtigen Strohsäcken und neuen Decken ausgestattet. Nicht einmal bewaffnete Soldaten begleiten uns. Uniformierte weisen uns nur freundlich in die Wagen ein. Unterwegs, so betonen sie, dürfen wir aussteigen, um uns die Füße zu vertreten. Lediglich die Frauenabteile sind tabu.

Als der Zug sich in Bewegung setzt, wird vielen erst richtig klar, was das bedeutet: wir verlassen Workuta! In den nächsten Tagen rollen wir unaufhörlich nach Südwesten. Über Uchta erreichen wir Kotlas, bestaunen wie Kinder die ersten Sträucher und kleinen Bäume nach so vielen Jahren Verbannung hinter den Polarkreis.

Den ersten mehrstündigen Aufenthalt haben wir auf einem Abstellgleis des Weißrussischen Bahnhofes in Moskau. Hier erleben wir eine erschütternde Szene. Auf dem Bahnsteig stehen ungefähr zehn Kinder im Alter zwischen fünf und sieben Jahren. Ein Betreuer bringt sie bis an die Waggons der Frauen. „Kinder der Deutschen", klärt mich ein Sergeant auf. Sie waren in den Lagern geboren worden und sind dann in russischen Heimen aufgewachsen. Die Kinder stehen entsetzt und eingeschüchtert vor ihren fremden Müttern, sie sprechen kein Wort deutsch und sollen nun in diese Wagen steigen, zu Müttern, von denen sie überhaupt nicht wußten, daß es sie gibt. Auch die Frauen sind unsicher. Wer gibt ihnen die Gewißheit, daß es die eigenen Kinder sind. Seit ihrer Geburt haben sie sie nicht mehr gesehen.

Tief erschüttert wende ich mich ab.

In den nächsten zwei Wochen führt uns die Reise über mehrere tausend Kilometer an den Städten Smolensk, Minsk, Vilnius und Kaliningrad, dem ehemaligen Königsberg in Ostpreußen vorbei. In einem großen Gefängnisbau der Stadt Gwardeisk endet diese erste Etappe der Heimkehr. Es ist das ehemalige Städtchen Tapiau.

Während der Nacht gehen mir viele Gedanken durch den Kopf. Ich versuche mich zu erinnern, wie viele Etappenstationen und Sammelpunkte ich während meiner Haft schon durchlaufen habe. Immer führte die Reise von einem Haltepunkt aus ins Ungewisse. Ob es womöglich auch diesmal so ist?

Tag für Tag kommen nun Gefangene an. Männer, Frauen, immer wieder auch Kinder. Alle, die hier in Tapiau Station machen, wurden durch sowjetische Sondergerichte zu langjähriger Lagerhaft verurteilt und teilweise in Nacht- und Nebelaktionen aus ihrer Heimat deportiert. Sie alle sind physisch und psychisch schwer gezeichnet. Nun hat man sie dafür ausgewählt, in die Heimat entlassen zu werden.

Nach der Ankunft in Tapiau erklärt uns ein Beamter, wir seien ab sofort freie und unbescholtene Bürger und sollten mit Würde und Geduld den Tag der Heimreise erwarten. Der werde bald kommen.

Dieses bald hat einen bitteren Nachgeschmack für den, der weiß, wie leichtfertig man hierzulande mit einem „skoro budjet" umgeht.

Dank der geschaffenen Lagerselbstverwaltung normalisiert sich das Leben wirklich rasch. Weckruf, Morgentoilette, Frühstück, Appell, Freizeit, Mittagessen, Freizeit, Abendappell, Abendessen, Freizeit, Zapfenstreich.

Das Selbstverwaltungskomitee besteht aus dem Kommandanten, den Block- und Stubenältesten, den Kompanie-, Zug- und Gruppenführern. Dazu kommt die Lagerkompanie mit dem Küchen- und Sanitätspersonal. Eine fast militärische Ordnung, die jedoch ausgezeichnet funktioniert.

Selbst einen Kulturrat gibt es. Es kommen Kinoveranstaltungen, Konzerte und sogar Theateraufführungen zustande.

Die Staatsmacht ist hier in Tapiau durch einen freundlichen Major vertreten, den Kulturoffizier und seine Dolmetscherin, eine Ärztin, eine Krankenschwester und einen Sanitätsoffizier. Hinzu kommen lediglich noch zwei diensthabende Offiziere und drei Unteroffiziere. Das ist alles.

Untergebracht sind wir – streng von den Frauen getrennt – in zwei Blökken und einer Krankenbaracke. Eine Verkaufseinrichtung gehört ebenfalls zum Lager. Eine kleine Pforte bildet die Verbindung zum Frauenbereich. Das gesamte Gefängnis wird von einer hohen Mauer umgeben. Die Postentürme sind mit Bewaffneten besetzt. An der Pforte zwischen beiden Lagerteilen sitzen rund um die Uhr Diensthabende, die gegenseitige Besuche in Ausnahmefällen, mit Sondergenehmigung und selbstverständlich unter Aufsicht, gestatten. Immerhin treffen sich in Tapiau Männer und Frauen wieder, die sich Jahre nicht gesehen haben. Unter ihnen nicht wenige Ehepaare.

Auch wenn erste Hoffnung um sich greift, überwiegen noch die Zweifel. Was heißt denn „frei und unbescholten“? Wer wird überhaupt noch da sein, wenn man nach Hause kommt? Gibt es das überhaupt noch, das zu Hause? Ende Juni erfahren wir von einem „konterrevolutionären Putsch“ in der DDR. Er soll von „staatsfeindlichen Elementen“ unternommen und schließlich zerschlagen worden sein. Was bedeutet das für uns?

Während wir auf den Weitertransport warten, kommen die nächsten Gefangenen aus Workuta an. Sie bringen die Nachricht mit, daß nun Tatsache geworden ist, was sich schon vor unserer Abfahrt angedeutet hatte, der Streik. Wie ein Lauffeuer hat er sich über das ganze Gebiet ausgebreitet. In der Grube 17 nahm er seinen Anfang. Dort hatten die Kumpel die Weisung ihres heimlich gewählten Streikkomitees befolgt und die Arbeitsaufnahme verweigert. Sie wollten erst wieder einfahren, wenn die Stacheldrahtzäune gefallen seien. Die Wachmannschaften hatten keinen Schießbefehl und waren machtlos. In Windeseile griffen die Arbeitsniederlegungen dann auf

Grube 9, Grube 10 und Grube 25 über. Die Räder der Fördertürme standen still, die Kohlewaggons blieben leer. Einige trugen die Aufschrift: „Zum Teufel mit eurer Kohle, wir wollen Freiheit und Menschenwürde!"

Der kaum noch zu bezähmende Zorn der Gefangenen war umgeschlagen in eine Aktion. Die Sommerzeit der Polarregion mit einer nicht mehr unter den Horizont sinkenden Sonne flößte zusätzliche Kräfte ein. Die Losung lautete: „Net swobody, net uglja!" – „Keine Freiheit, keine Kohle!"

Doch damit nicht genug. Der Streik weitete sich zur Rebellion aus. Die Bergleute stellten klare Forderungen:

- Sorgfältige Überprüfung der Urteile, Entlassung der Unschuldigen, Strafminderung bei den Übrigen.
- Entlassung aller politischen Gefangenen, die mindestens 10 Jahre abgesessen haben.

Unter dem Kommando des stellvertretenden Innenministers, General Maslennikow, wurde eine Delegation aus Moskau eingeflogen, um der Rebellion ein Ende zu bereiten. Die Kommissionsmitglieder verteilten sich auf die einzelnen Lager. Maslennikow selbst ging zum 29. Schacht. Dort befand sich das Zentrum des Streiks.

Auf seinen Befehl umstellten schwer bewaffnete Soldaten das Lager. Dann wurde mehrere Minuten lang auf die Gefangenen geschossen. Es gab Hundert Tote. Tags darauf wurde die Arbeit wieder aufgenommen.

Zu meinem Entsetzen erfahre ich, daß mein Freund Gurewitsch, der den Streik ganz offensichtlich mit geleitet hatte, dabei ebenfalls umgebracht wurde.

Für uns im Lager zeigt der Aufstand vom 17. Juni nun Folgen. Etwa ein Drittel der Männer und Frauen werden zurück ins Innere der Sowjetunion gebracht. Erst zwei Jahre nach uns können sie heimkehren. Im Lager dagegen wird es immer unbürokratischer. Besuchsgenehmigungen ermöglichen regelmäßigen Kontakt zwischen Männern und Frauen. Mit improvisierten Kulturveranstaltungen versuchen wir, über die lange Wartezeit zu kommen. Eine kleine Theatergruppe hat sich gebildet; Schauspieler, Tänzer, Musiker und Kabarettisten probieren bereits erste Auftritte. Ihr Programm reicht bis zu klassischen Dramen.

Auffällig sind einige junge Burschen unter den Gefangenen. Sie sind in den Nachkriegswirren als Kinder in die Fänge der Sowjets geraten, weil sie – oft aus Hunger – zu Hühnerdieben wurden. Das hätte für eine Verurteilung nicht gereicht, so erklärte man sie kurzerhand zu Werwölfen. Ihre hohen Haftstrafen verbüßten sie nicht in politischen Straflagern, sondern unter Kriminellen. Das hat sie im Laufe der Jahre geprägt, denn dort haben sie sich Kriminellen angeschlossen. Man spürt es an ihrem herrischen Auftreten, mit dem sie hier versuchen, den anderen Furcht einzuflößen. Doch sie sind in der Minderheit.

Am 19. September wird die vorübergehende Ruhe jäh unterbrochen. Während im Kulturraum die letzten Proben zu „Maria Stuart" laufen, fallen im Hof plötzlich Schüsse. Es ist 15 Uhr. Alle kommen auf den Appellplatz gerannt. Dann stürmt die Menge die Lagergasse zum Verwaltungsgebäude. Hier hat der sowjetische Kommandant seinen Sitz. Major Smirnow und Joseph, der Vorsitzende des Kulturrates, stürzen aus dem Gebäude. Ein erregter Wortwechsel entsteht zwischen dem Major und der Menge.

Was hatte sich ereignet? Von einem der Wachtürme aus ist auf drei junge Männer geschossen worden, die sich an der Waschanlage befanden. Zwei waren auf der Stelle tot. Der dritte lebte noch, als man ihn aus dem Kugelhagel zog. Das alles spielte sich in wenigen Minuten ab. Nun liegen die Toten vor der Kommandatur aufgebahrt. Der Chef des Wachkommandos hat den Todesschützen auf dem Turm entwaffnet und ist dabei selbst schwer verwundet worden.

Das heillose Durcheinander haben einige Männer genutzt und sich in den Frauenunterkünften verschanzt. Nun soll mit Waffengewalt wieder für Ruhe im Lager gesorgt werden.

Dazu kommt es Gott sei Dank nicht. Joseph bittet den Major, das Lager in den nächsten zwei Stunden nicht zu betreten. Er setzt sich dafür ein, alles selbst zu regeln und zwar ohne Gewalt. Vor allem der Besonnenheit der Frauen ist es zu verdanken, daß die Männer aufgeben und die Frauenzone wieder verlassen.

Am anschließenden Trauermeeting nimmt auch Major Smirnow teil.

Eine Untersuchung des Vorfalls ergibt, daß der Posten unter dem Einfluß von Drogen gestanden hat. Er wird zu 25 Jahren Straflager verurteilt.

Rückkehr und Schweigepflicht

Das Warten geht weiter. Inzwischen ist es Dezember, der erste Schnee fällt. Endlich gibt es sichtbare Anzeichen für einen Transport in die Heimat. Täglich müssen Frauen und Männer in die Lagerverwaltung, um die Entlassungsorte zu benennen. Ich gebe die Adresse meiner Eltern in Berlin-Weißensee an. Eine Dolmetscherin ist zwar bei dem Gespräch dabei, ich unterhalte mich aber mit dem Offizier auf russisch. Ihn überrascht meine weitgehend akzentfreie Aussprache, und er fragt mich nach meinem Lehrer. Mit großer Achtung spreche ich von Sergej, aber auch von dessen Schicksal. Das jedoch paßt dem Offizier nicht. Verärgert unterbricht er mich. Seine abschließende Frage, ob ich näheres über die DDR wisse, verneine ich mit ruhigem Gewissen. Von ihrer Gründung hatte ich erfahren und vom 17. Juni. Das war wirklich alles.

Nun versucht er mir, ein Bild von diesem Land in den besten Farben zu malen. Ich sage kein Wort dazu, denn in den vergangenen Jahren habe ich mir angewöhnt, mich nur auf meine eigenen Erfahrungen zu verlassen.

Zuletzt legt mir der Offizier ein maschinengeschriebenes Blatt in russischer Sprache vor und fragt, ob ich es lesen könne. Ich soll es zur Kenntnis nehmen und unterschreiben. Deutlich fügt er hinzu:

„Ihre Zukunft hängt davon ab."

Aus dem Schriftstück erfahre ich, daß mein Aufenthalt in der UdSSR die Erfüllung eines Spezialistenauftrages war, den deutsche Bürger im Zusammenhang mit zu leistenden Reparationen auszuführen hatten. Über Aufenthaltsorte, Tätigkeiten und Personen ist mir jede Aussage verboten. Der Einsatz unterliege strengster Geheimhaltung. Zuwiderhandlungen zögen strafrechtliche Verfolgung nach sich.

Aufmerksam blickt mich der Major an, wartet auf meine Reaktion. Keinen Moment zögere ich mit der Unterschrift. Nach all den furchtbaren Jahren gehe ich auch um den Preis dieser Unwahrheit in die Freiheit.

Am Heiligen Abend sind wir noch immer im Lager und organisieren eine kleine Feier. Der Chorleiter spielt auf dem Akkordeon Weihnachtslieder, selbstgebastelte Geschenke liegen auf den Tischen. Trotz der streng getrennten Abteilungen sind in den letzten Monaten enge Bindungen zwischen Männern und Frauen entstanden. Am Weihnachtsabend sieht der diensthabende Sergeant weg und läßt die Durchgangspforte offen.

Am 25. Dezember 1953 wird dann der erste größere Transport zusammengestellt. Ich bin dabei.

Nach einem bewegenden Abschied von den Zurückbleibenden geht es über Vilnius, Brest-Litowsk, Warschau in die Heimat. Am Flußübergang in Frankfurt an der Oder lese ich an einem Pfosten: „Brücke der Freundschaft".

Die Transportpolizisten drehen sich bei unserer Ankunft im Bahnhof weg.

Aus dem Entlassungslager Fürstenwalde an der Spree kehre ich am 27. Dezember des Jahres 1953 als neu eingekleideter Zivilist in ein Land zurück, das inzwischen DDR heißt, und das ich eigentlich nicht kenne.

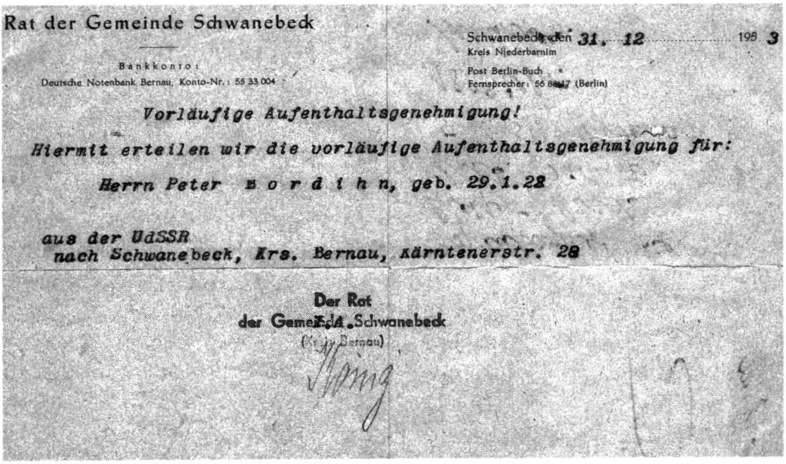

Rat der Gemeinde Schwanebeck

Bankkonto:
Deutsche Notenbank Bernau, Konto-Nr.: 55 33 004

Schwanebeck, den 31. 12. 1953
Kreis Niederbarnim
Post Berlin-Buch
Fernsprecher: 56 88[illegible]7 (Berlin)

Vorläufige Aufenthaltsgenehmigung!

Hiermit erteilen wir die vorläufige Aufenthaltsgenehmigung für:

Herrn Peter B o r d i h n, geb. 29.1.28

aus der UdSSR
nach Schwanebeck, Krs. Bernau, Kärntenerstr. 28

Der Rat
der Gemeinde Schwanebeck
F.d.A.
(Kreis Bernau)

Vorläufige Aufenthaltsgenehmigung nach der Rückkehr aus der UdSSR

Leben mit einer Lüge

Meine Wiedereingliederung verläuft relativ normal. Ich komme zeitweilig bei einer Frau unter, die ich im letzten Zwischenlager in Gwardeisk kennengelernt hatte. Wenig später finde ich auch Arbeit: als Russisch-Dolmetscher beim Reisebüro. Bei einem dieser Einsätze komme ich dann als Begleiter einer Urlaubergruppe auch in die Sowjetunion – und lerne ein völlig anderes Land kennen. Ich begegne Menschen, die mich durch ihre Warmherzigkeit, ihre Hilfsbereitschaft und Menschlichkeit ganz für sich einnehmen und die sich völlig von meinen früheren Peinigern unterscheiden. Das hat mir sehr geholfen, ein gerechtes Bild von der Sowjetunion zu bekommen, das nicht von blindem Haß geprägt ist.

Doch weder über diese neuen Erkenntnisse noch über meine bitteren Erfahrungen darf ich sprechen. Über mir liegt der Bann, bei den geringsten Äußerungen zu meiner Gefangenenzeit erneut bestraft zu werden, womöglich noch einmal in ein Lager zu müssen. Nicht einmal zu meinen besten Freunden verliere ich ein Wort, selbst meine Kinder erfahren nichts. Einzig und allein meiner Frau, die ich 1959 kennengelernt habe, vertraue ich mich an. Sie erfährt im Laufe vieler Ehejahre immer mehr Details. Ihr gegenüber läßt sich nichts verheimlichen, denn die Träume holen mich ein und schrecken mich manche Nacht schweißgebadet hoch.

In meinem weiteren beruflichen Leben – ich arbeite zeitweilig als Heizer, dann bei einer Kommunalen Wohnungsverwaltung und schließlich im Berliner Glühlampenwerk – werde ich nie nach meinem „Spezialisteneinsatz im Workutaer Kohlebergbau" gefragt. Die entsprechende Eintragung in meinen Personalunterlagen scheint allen zu genügen. Entweder sind die meisten ahnungslos oder sie ahnen sehr wohl, was sich damals zugetragen haben mag und wollen ganz bewußt nicht zuviel wissen oder gar damit belastet werden. Ich lerne mit dieser Lüge zu leben.

Neubauten in Workuta auf dem Gelände des ehemaligen Gefangenenfriedhofs

Nach über 35 Jahren ist es dann endlich so weit. Die Ereignisse des Novembers 1989 und die Wende zur demokratischen Erneuerung unseres Landes lassen mich die bedrückende Last abwerfen und endlich reden. Ich erkläre den Menschen meiner Umgebung, was sich in jenen Jahren tatsächlich zugetragen hat und ich wende mich an die Öffentlichkeit. Nichts will ich mehr verschweigen. Mit vollem Namen, mit meinem Foto und meiner Adresse erscheint ein großer Zeitschriftenartikel, auch auf die Gefahr hin, daß sich böswillige Reaktionen einstellen. Doch das Echo ist überwiegend verständnisvoll und positiv. In wenigen Wochen erreichen mich Dutzende Briefe von Betroffenen, die, wie ich, viele Jahre ihres Lebens in sowjetischen Straflagern zubringen mußten. Auch Angehörige und Freunde von unschuldig Verurteilten und Verschleppten melden sich. Sie alle ermuntern mich, meine Erlebnisse und Erfahrungen zu Papier zu bringen. Uns eint der Wille, dafür Sorge zu tragen, daß sich Willkür, Unrecht und die Verfolgung von politisch Andersdenkenden nie mehr wiederholt.

Die Organisation „Memorial" errichtete in Workuta einen vorläufigen Gedenkstein mit der Inschrift: „An dieser Stelle wird ein Denkmal entstehen, das den Opfern des Personenkultes der Jahre 1930 – 1950 gewidmet ist"

Peter Bordihn

Jahrgang 1928, Ausbildung als Technischer Kaufmann, 1944 Einberufung zur Wehrmacht, nach dem Krieg Kraftfahrer bei der Vertretung des sowjetischen Handelsministeriums in Deutschland, 1948 Verhaftung wegen sozialdemokratischer Aktivitäten, Verurteilung ohne Gerichtsverfahren zu zehn Jahren Lagerhaft, zeitweilige Internierung im Lager Sachsenhausen, danach Strafarbeit im sowjetischen Steinkohlebergbau in Workuta am Nordpolarkreis, 1953 nach Stalins Tod Rückkehr in die DDR, Tätigkeit als Dolmetscher, Verwaltungsangestellter, Betriebszeitungsredakteur, Heizer, zuletzt Mitarbeiter des Berliner Glühlampenwerkes, Mitbegründer der „Interessengemeinschaft zur Wahrung der Rechte der durch sowjetische Sondergerichte widerrechtlich verurteilten oder ohne Urteil deportierten Bürger der DDR"

Bildnachweis

Archiv Peter Bordihn, Berlin, S. 18, 19, 25, 121
Archiv Heinz Gerull, Berlin, S. 71, 77, 79
Archiv „Memorial“, Moskau, S. 91, 95, 97, 109
Ernst-Ludwig Bach, Berlin, S. 57, 127
Chronos-Film, Studio Berlin, S. 73, 85, 99, 107, 113, 123, 125
Nationale Mahn- und Gedenkstätte, Sachsenhausen, S. 51